鶴田廣巳・藤永のぶよ 編著

税金は何のためにあるの

自治体研究社

はしがき─本書の趣旨について

　本書は、税金についてできるだけ分かりやすく解説しようと試みた入門書です。本年10月には消費税率が8％から10％に引き上げられる予定になっていますが、消費税増税がはたして適切な政策選択といえるのかはたいへん疑問です。本書は、その理由を税制の根本に立ち返って明らかにしたいとの思いから出版されました。増税といえば消費税しか選択肢がないかのような議論が横行していますが、私たちはそうした議論には根拠がないと考えています。政府はキャッシュレスの場合のポイント還元など増税した場合の悪影響を緩和するための複雑な対応策をとろうとしていますが、それほど悪影響のある増税をなぜ行う必要があるのでしょうか。本書は、わが国の税制全体を改めて点検することで、税制改革には別の選択肢があることを明らかにしたいと考えています。

　いま、アメリカと中国のあいだでの貿易戦争と評される争いをきっかけに世界経済の先行きに不安や不透明感が高まり、各国の経済にも悪影響が及ぶことが懸念されています。このようなときに、消費税の引き上げを行うことは最悪の結果をまねくおそれがあります。また、日本では勤労世帯の実質賃金の低迷・減少が長期にわたって続いており、家計消費の低迷から抜け出せないという、いわゆるデフレ経済におちいっています。安倍政権のもとでつくり出された株高と円安で大手の企業などは史上最高といわれる利益を積み上げていますが、その成果は勤労世帯には還元されていません。アベノミクスがうまくいっているかのように政府は宣伝しますが、世論調査ではほとんどの人が実感できていないというのが調査のたびに示されています。たとえば、昨年末の日本テレビと読売新聞の世論調査でも、「景気の回復を実感している」という人は22％であるのに対し、「実感していない」という人は70％となっています。家計の収入が長期にわたって減少し続けて

3

いるわけですから、国民が景気回復を実感できないのは当然でしょう。こうした状況で消費税を増税すれば、家計が圧迫され、消費がいっそう落ち込むことは避けられません。家計消費が一国の経済規模をあらわす国内総生産（GDP）に占める割合は約6割ですから、経済が上向きになるためには家計消費が盛り上がることが必要なのです。政府がめざすというデフレ経済からの脱却は、ますます困難になるでしょう。

　私たちの生活が安定し、将来に希望をもって生きていくためには、政府がになう公共サービスが国民生活に安心を保障するものでなければなりません。政府は国民が納めた税金によって公共サービスをまかなっています。国民が納めた税金が国民生活を支える公共サービスの充実にあてられ、国民が税金を納めることに納得できることが、本来の財政のあり方です。国民の税負担率が高いにもかかわらず、北欧などの福祉国家では国民の間に税金に対する不満がほとんどないのは、まさしく本来のあり方にそって財政が運営されているからでしょう。これに対して、わが国では税金について不信や不満が強く、増税に拒否反応が強いのは、税金のあり方が不公平なことにくわえて、集められた税金が国民の福祉の向上に還元されていないと国民が感じているからではないでしょうか。

　本書は、所得税や法人税、消費税など国の代表的な税金の基本的なしくみを明らかにするとともに、不公平な税制といわれるわが国の税制のどこに問題があり、どのように改革すればよいのかについて、できるだけ平易に解説するよう努めています。本書が、わが国の税制の全体像について、また問題のありかと改革の方向について、読者のみなさんが理解されることに役立つことを心から願っています。

2019年3月　　　　　　　　　　　　　　　　　　　鶴田廣巳

「税金は何のためにあるの」 目次

はしがき―本書の趣旨について ………………………………… 3

はじめに―税金は何のためにあるの？ …………………………… 8

　税金って何？　8

　私たちはなぜ税金を納めるの？　10

　税金ははたして公平に課税されている？　12

1　所得税は今のままでいいの？ ……………………………… 14

　私たちはなぜ所得税を納めるの？　14

　所得税の仕組みは？　「収入」と「所得」の違い　16

　経費と控除の違いは？　18

　今の所得税は公平なの？　人的控除と課税最低限　20

　所得税の負担はどうあるべき？　22

　所得税をどう変えればいいの？　政府の所得税政策の後退　24

　所得税の本来のあり方は？　総合累進課税　26

　総合累進課税とマイナンバーはどう関係しているの？　28

　「マナンバーで適正・公平な課税を実現」とは？　30

2　会社が法人税を納めるのはなぜ？ ………………………… 32

　会社に税負担を求める理由は？　32

　もし法人税がなくなるとどうなる？　34

　法人税のあり方には2つの考え方がある　36

　課税対象となる法人所得とは？　38

　法人税率はどうなっている？　40

　会社に対する租税特別措置とは？　42

　赤字法人問題ってなに？　44

　法人税率をどうする？　46

　租税特別措置をどう改革する？　48

3　消費税は財政再建の切り札なの？ ……………………50

消費税はどんな仕組みなの？　50

消費税率の現状とゆくえ　52

中小企業泣かせの消費税　56

消費税は逆進的で不公平な税金　58

税制改革には消費税率アップしかないの？　60

4　資産にたいする税金はどうすればいいの？ …………62

相続税・贈与税の仕組み　62

富裕な個人に対する新しい資産課税の提案　64

内部留保課税の提案　66

金融取引への課税　68

5　地方税を知っていますか？ ……………………………70

地方自治を支える地方税　70

市町村の税とは？　72

府県の税とは？　74

地方分権と地方税財政のしくみ
地方分権改革で地方自治は前進した？　76

なぜ地方に財政自主権が必要なの？　78

三位一体改革によって地方税財政はどう変わった？　80

どう改革する、財源不足に悩む地方自治体　82

6　国外に逃げる税金はどうすればいい？ ………………86

国外に逃げる富裕層への税金
グローバル経済の時代が生み出したIT長者・金融長者　86

暴露された秘密文書が示すもの　88

多国籍企業のタックス・プランニングってなに？
多国籍企業の巧妙な租税回避の戦略　90

多国籍企業とタックス・ヘイブン　92

提言　新構想の税制改革で税の公平を実現し、
　　　十分な税収を確保できる……………………………………96

コラム
　ふるさと納税の穴埋めは国庫金　84
　1月から導入された出国税　94
　フランス・マクロン政権と黄色いベスト運動　95

おわりに―主権者として税金に関心を持ちましょう………………104

参考文献…………………………………………………………………106

はじめに―税金は何のためにあるの？

税金って何？

税の負担と公共サービス

　私たちは誰でも一定の年齢になれば、何らかの職業に従事し、そこから収入を得て、自身と家族の生計費をまかなっています。現代は、圧倒的にサラリーマンが多い社会ですから、ほとんどの人は給与収入によって生計を維持しています。

　しかし、給与の明細書をみると給与収入からさまざまな項目が差し引かれていることに気づきます。なかでも大きな額は所得税（や社会保険料）でしょう。このように給与収入から税金（や社会保険料）が差し引かれた後の金額が可処分所得です。私たちが実際に使えるのはこの可処分所得です。いくら負担が重いと感じても、税金は給与から天引きされるので、避けることはできません。

　他方で、私たちは生まれてから死ぬまでさまざまな公共サービスを受けており、公共サービスのない社会を想定することはできません。私たちの生活にとって不可欠のこうした公共サービスを維持するには、財源が必要です。その財源となるのが税金です。

税はいつから

　いったいこの税金はいつから、またどうして課税されるようになったのでしょうか。税金は国（および地方自治体）が国民に課す公的負担ですから、近代国家の成立と不可分の関係にあります。どこの国でも近代国家は税金を国の財政の基礎としています。むずかしくいうと、租税国家なのです。租税国家は、成立当初は一般に土地の税金や酒税その他の間接税、関税などを主な財源にしていましたが、経済の発展とともに所得税や法人税などが税制の中心となりました。ちなみに世界で最も早く1799年に所得税を採用したのはイギリスですが、日本も1887（明治20）年に所得税を導入しました。

はじめに―税金は何のためにあるの？

市民が納税者として

　ところで、近代国家は、封建国家や絶対主義国家に対する市民階級の反乱、つまり市民革命によって成立したことはよく知られています。当時、絶対主義国家は地理上の発見によって知られるようになった新大陸やインド、アジアなどで植民地を獲得し、拡大することに血眼になっていました。なぜ市民階級が絶対主義国家に反抗したかといえば、それは絶対主義国家がこの植民地獲得のための戦争を遂行する費用をまかなうために、市民階級に対してたびたび重い税を課したからなのです。

　これに対して、市民階級は「代表なくして課税なし」というスローガンを掲げて立ち上がったのです。絶対主義国家にも身分制議会がありました。しかし、そこに参加を認められたのは貴族や聖職者、都市の一部代表者のような特権層だけで、市民の代表は参加できませんでした。自分たちとまったくかかわりないところで勝手に課税が決められることに対して、市民階級は不満を募らせます。こうして、市民階級が国民に対する一方的な課税の強化に反対し、市民軍を結成して対抗したことから、国王軍との間で戦いが起こるのです。この納税者としての市民による反乱、それが市民革命にほかなりません。

　市民革命によって絶対主義国家を倒した市民階級は、新たに国民を代表する議会をつくり、憲法を制定するとともに「人権宣言」を行います。「人権宣言」は世界史上ではじめて「人間の権利」をうたう一方、人権の最も重要な内容として「私有財産権の不可侵」を掲げました。それは、絶対主義国家が市民の財産に対して一方的に課税したことに対して、私有財産権を守ることが市民革命の最大の課題であったことを物語っています。

　こうして、租税国家において、市民階級は国民の代表を議員に選出し、全国民を代表する議員が議会で議決する税金を財源として、国民が必要とする公共サービスをまかなうしくみを作り上げました。税は国民主権、民主主義と不可分の係わりを持っているのです。

9

私たちはなぜ税金を納めるの？

公共サービスを支える財源としての税

　私たちが社会において安心して生活を営むためには、さまざまな公共サービスを必要とします。そのことは、ひとたび災害に見舞われた場合にライフラインといわれる水道や下水道、電気、ガスなどが復旧されなければ、生活そのものが成り立たなくなることから理解できます。災害の時だけでなく、平常時においても法制度の維持・運営、子育て支援、教育、医療、介護、年金、公衆衛生、公共交通、警察、さまざまなインフラや公共施設の整備など、およそ公共的なサービスや施設がなければ、私たちの生活は成り立ちません。

　現代の福祉国家では、公共サービスの範囲が大きく拡大していますから、そのために必要な財源も大きな金額になります。そのため国や地方自治体はさまざまな税金を課税することで、必要な税収を確保する必要があります。このように、国や地方自治体が国民にとって不可欠の公共サービスや施設を提供する一方、そのために必要な財源を税として調達するしくみが財政です。私たちがなぜ税金を納めるのかと問い直すなら、それは私たちの生活をささえ、生活の安全・安心を高めるためにほかなりません。

　したがって、政府が私たちの本当に必要とする公共サービスや施設の提供に努め充実させていくことが、税金を納めることの前提条件です。もし政府が国民の望む公共サービスの整備に努力しなければ、国民は政府を信頼せず、納税の意欲を失い、増税に反対するでしょう。

租税国家の発展と変質

　ところで、近代租税国家のもとで発展をはじめる社会は、現在と同じ資本主義の社会です。そこでは、前近代社会の君主と農奴という生産関係に代わって資本家と賃労働者という生産関係が登場します。資

本家階級と労働者階級の利害はいうまでもなく異なります。じつは市民革命のなかで宣言された人権のなかでもっとも重要だったのは「私有財産権の不可侵」でした。しかし、私有財産権の保護が最優先にされると、資本はとどまるところのない資本の蓄積をめざしますから、社会の多数を占める労働者階級は生存すら脅かされます。労働者、国民が生存権や労働権、教育権などの基本的人権を守るためには、社会的に連帯して資本の力に対抗する以外に道はありません。

　こうして資本主義の発展とともに、租税国家も変質しはじめます。本来、租税国家は市民階級全体、国民全体に役立つ公共サービスを提供することを使命とするはずですが、社会のなかに利害の対立する階級や階層が登場すると、支配的な影響力をもつ階級の利害が優先されるようになります。近代国家の成立当初、参政権を与えられたのは一定以上の国税を納めた者だけでしたから、この制限選挙制度のもとではそうした傾向が助長されました。

税金は国民の福祉のためにこそ

　しかし、社会と民主主義の発展は制限選挙制度を乗り越え、普通選挙制度を実現します。普通選挙によって議会に選出された議員が、国民が納めた税金を国民全体の福利と厚生の向上のために支出することを決定するのであれば、問題は何も生じません。ところが、議員が社会のなかで有力な影響力をもつ社会階層に有利な公共サービス、たとえば大規模な公共事業の実施や高額な兵器類の調達、大企業などへの補助金などに多くの税金を使うことを決定すれば、それは国民全体の利益ではなく、一部の国民の利益にしかなりません。議員が多くの国民に役立つ公共サービス、たとえば子育て支援、医療、介護、教育、障がい者福祉、職業訓練などによる就職機会の拡大や雇用創出の取組みなど、基礎的な公共サービスを所得制限なしに全国民に保障するためにより多くの税金を支出することを決定する場合にはじめて、私たちは税のもつ意味と有用性を実感することができるのです。

税金ははたして公平に課税されている？

税負担の公平はもっとも重要な税の原則

　国の財政をみるうえで重要なのは、集められた税金が国民の大多数の福祉の向上のために使われているのかどうかということと同時に、税金の負担がはたして国民の間で公平に分担されているのかどうかという点です。税負担の公平こそが、税の原則のなかで最も重要とされる原則だからです。

税制に圧力をかける団体

　議会では毎年、税制改正が行われていますが、そこには社会のなかのさまざまな団体、とりわけ業界団体の利害や思惑が反映しています。さまざまに交錯する利害を調整した結果が、毎年の税制改正の内容になるのです。社会のなかの利害は一見したところ、大変複雑に見えますが、そのなかで強い影響力を持つのはいうまでもなく財界団体でしょう。なかでも、わが国で最も強い影響力を持っているのは、いうまでもなく日本経団連です。経団連を筆頭にさまざまな業界団体が政治に影響を及ぼして、税制が自分たちにとって有利になるよう働きかけているのです。残念ながら、国民の多数を占める勤労者全体の全般的利益を実現してくれる政治的な力は大変弱体であるのが現実です。しかも、支配的な影響力をもつ政治集団（つまり、政権与党や族議員集団）や財界団体は、自分たちに有利な税制改正の要望が国民全体にとっても利益になるかのようなイメージ操作を徹底して行いますから、税制改正が国民に対してどのような影響を及ぼすのかについて、一般の国民がその実態を見抜くことは、残念ながら容易なことではありません。

増税による税負担増を押しつけられるのは

　本論のなかでふれられるように、一国の租税制度は、所得税や法人

はじめに――税金は何のためにあるの？

税のような所得に対する税金、消費税や揮発油税、酒税など消費に対する税金、相続税や贈与税のような資産に対する税金など、複雑な体系を構成しています。国に対する税だけでなく、地方公共団体に納める税もあります。資本主義経済の発展に伴って、また政府活動が大きくなるにつれて、税制も大きな発展をとげていきます。すでにふれたように、近代租税国家が誕生した初期の時代には、酒税などの間接税は別として、土地所有者に対する地租や所得税などを負担する階層は富裕層が中心でした。しかし、資本主義が発展するにつれて、消費や資産に対する税に代わって、次第に所得に対する税金が税制の中心となっていきます。また、政府活動の拡大は当然、政府支出の増大を招きますから、膨張する支出をまかなうためには税制も増税が避けられなくなります。

じつは毎年の税制改正において税制がたえず変化を繰り返すのは、この増税の負担を社会のどの階層がどの程度の税を負担するかをめぐって争っているからなのです。たとえば、法人税の税率引き下げによって企業に対して減税が行われれば、それまでと同じ税収を確保しようとすれば、他の税、たとえば所得税、あるいは消費税などで増税を行わなければならなくなります。また、所得税はある人が得るすべての所得を合算して、その総所得に累進税率を適用するのが原則ですが、実際には利子、配当、土地・株式の譲渡所得などは、全体の所得とは分離して、それだけを低い税率で課税する分離課税制度がとられていますから、ここでも資産所得を得る富裕層にくらべ総合累進課税を適用されるサラリーマンの方が相対的に税負担は重くなるのです。

要するに、租税負担を転嫁しようとする争いで一般に有利な立場を確保できるのは大企業や富裕層であり、そうであればあるほど一般の国民の税負担は相対的に高まり、公平の原則が侵害されていきます。それゆえに、税制について学習し、不公平な税制の実態について認識を深めて、国民的な運動によって不公平な税制を是正していくことが必要なのです。

13

1 所得税は今のままでいいの？
私たちはなぜ所得税を納めるの？

所得税は国の基幹税です

　すでにふれたように、一国の租税にはいろいろな種類があります。表1-1は、国税と地方税の主要な税を一覧にしたものです。国税では所得税、法人税、消費税が税制の中心を占めています。国税収入に占める比率では、所得税が30.3％、法人税が19.4％、消費税が27.9％です（2018年度当初予算）。消費税が導入される以前、1980年代には所得税は40％前後、法人税も30％台でした。所得税、法人税の比重は低下し、代わって消費税が大きく税収を伸ばし、いまでは法人税を上回り、さらには所得税をも追い越す勢いです。消費税率が10％になれば、消費税が所得税を上回ることは確実です。所得税はこれまで一貫して国の基幹税とされてきましたが、ここにきてその地位が脅かされるようになっているのです。

資本主義の発展が所得税を基幹税に押し上げた

　日本に所得税が導入されたのは、1887（明治20）年、後発資本主義国にもかかわらず、世界で8番目に創設されました。総合課税を建前とし、年間所得300円（当時の文官の平均年収は約180円）以上の個人だけを課税対象に税率1〜3％（5段階）の単純累進税でした。納税者は12万人（総人口の0.3％）、税収も国税収入のわずか0.8％でした。

　所得税の発展で注目すべきは、1899（明治32）年の改正で、総合所得税から分類所得税に転換したことです。このとき所得を3種類に区分し、法人所得を第一種、公社債利子を第二種、300

表1-1　主な国税と地方税

	国　　税	地　方　税
所得課税	所得税　法人税	住民税　事業税
消費課税	消費税　揮発油税　酒税	地方消費税　軽油引取税
資産課税	相続税　贈与税	固定資産税　自動車税
流通課税	印紙税　自動車重量税	不動産取得税

円以上の合計所得を第三種の所得税として課税するようになりました。第一所得税、第二種所得税は低い比例税率、第三種所得税は1〜5.5%（12段階）の単純累進税率で、納税者数は34万人に増えました。

ついで、1940年には戦前最大の税制改正が行われ、このとき、第一種所得税は法人税として独立する一方、所得税は6種類の所得（不動産、配当利子、事業、勤労、山林、退職の各所得）からなる分類所得税と総合所得税の二本立てとなりました。総合所得税は、各種所得の合計が5,000円をこえる場合に超過累進税率により課税されました。この改正により、日本でも所得税中心の体制が成立し、納税人口は一気に増え、1940年の400万人から44年には1,200万人に達しました。

戦後、過酷な税金の取り立てや税務職員の不足などにより、税制と税務行政は大きく混乱しました。そのとき、1949年と50年の2度にわたりアメリカからシャウプ使節団が来日し、その勧告に基づいて改革が行われました。勧告は、①税制の公平の実現と納税倫理の育成の観点から直接税、とくに所得税を中心とする税制を採用し、資産税がそれを補完する税体系を提起したこと、②総合累進所得税を提案したこと、③法人税に原則として特別措置を認めなかったこと、などの特徴を持っていました。これが、戦後日本の税制の出発点となりました。

「最良の租税」としての所得税

私たちは税を納めることによって、公共施設や公共サービスが充実し、私たちの生活が豊かになることを期待します。それが、本来の租税国家の姿です。その租税国家の税のなかの税が、所得税です。かつてアメリカの著名な財政学者リチャード・グードは、所得税を「最良の租税」と評価しました。所得税は税を負担する能力（担税力）を示す代表的な指標である所得を課税ベースとしており、応能負担の原則に最も適合した租税であるからです。その所得税がいま、総合課税や税負担の累進性という所得税の本来の特質を侵害され、機能不全の危機にさらされています。

所得税の仕組みは？　　「収入」と「所得」の違い

収入と所得はまったく異なる概念

　所得税が課税対象とする所得は、現在、10種類あります（表1-2参照）。ところで、収入と所得は、一般に同じものだと誤解されることが多いのですが、じつはまったく異なる概念です。

　収入と所得が一致するのは利子所得だけで、他の所得はすべて、収入から必要経費等を控除して所得金額を算定します。利子所得の算定に経費が認められていないのは、一般に借入利子を上回る預金利子はあり得ないためです。給与所得、退職所得、公的年金所得等については独自の控除が認められていますが、これらはそれぞれ必要経費に相当するものとして控除が認められているのです。

　以上のように、収入金額からその収入を得るために費やした経費ないし費用を差し引くことにより算定されるものが所得です。

　【収入－必要経費＝所得】の算式をまず、しっかり把握しましょう。

表1-2　課税となる所得税

所得種類	所得金額の計算
利 子 所 得	収入金額＝所得金額
配 当 所 得	収入金額－株式取得のための借入金利子
事 業 所 得	収入金額－必要経費
不 動 産 所 得	収入金額－必要経費
給 与 所 得	収入金額－給与所得控除
退 職 所 得	（収入金額－退職所得控除）× 1/2
譲 渡 所 得	（収入金額－取得・譲渡費用）－特別控除
山 林 所 得	収入金額－必要経費－特別控除
一 時 所 得	収入金額－支出費用－特別控除
雑 所 得	［公的年金等］収入金額－公的年金等控除 ［上記以外］収入金額－必要経費

給与所得控除・公的年金等控除とは？

　給与所得控除の前身とされるのは勤労控除（1913年導入）ですが、1953年の改正で給与所得控除に改称されました。その性格については、他の所得との負担調整のための特別控除だとか、給与所得の担税力の弱さを調整する控除だとする見解もありましたが、当初から

主要な見方は給与所得を得るのに必要な経費の概算控除だとする考え方でした。要するに、給与所得者には必要経費の「実額」ではなく、給与収入の額に応じた概算の経費を控除することによって所得を算定したのです。給与所得課税は源泉徴収と年末調整で制度が成り立っています。激増する給与所得者に「実額」控除を認めると、現在、確定申告を行っている 2,200 万人弱に加えて、さらに 4,000 万人近い給与所得者が確定申告を行うことになり、所得税の徴収体制が立ち行かなくなるおそれがあるために、概算控除が導入されたのです。こうして、給与所得者は事実上、確定申告の権利を奪われているのです。

1980 年代には、給与所得者は源泉徴収でほぼ完全に所得を把握されているのに対し、業者や農家は所得の多くが課税を免れているというクロヨン（9・6・4、つまりそれぞれの所得の把握率が 9 割・6 割・4 割であること）批判が展開され、消費税なら誰もが平等に負担すると理屈をつけて、消費税導入の口実にされました。近年、消費税の増税が課題になると、今度は逆にむしろ給与所得者の方が課税上優遇されているとして、2013 年以降、相次いで給与所得控除の上限が引き下げられています。サラリーマンと事業所得者などとの階層間の利害対立をあおって、増税を行う口実づくりに利用しているのです。

公的年金等には公的年金等控除が適用され、年金収入からその分が差し引かれます。その理由は、年金が老後の収入が限られている高齢者の中心的な生計手段であることを考慮し、他の所得との負担調整を行うための措置だとされています。公的年金等控除は、①定額控除、②定率控除、③最低保障額から構成されていますが、2018 年度の改正により、2020 年分から①の部分が 50 万円から最高 40 万円に、③の部分も 65 歳未満 70 万円、65 歳以上 120 万円から、それぞれ最高 60 万円および最高 110 万円に引き下げられることになりました。なお、2004 年までは、年金収入には公的年金等控除に加えて老年者控除も適用されていましたが、05 年分から廃止されました。公的年金等についても、次第に課税が強化されてきているのです。

経費と控除の違いは？

経費と控除はまったく別物

ところで、収入から必要経費を差し引いた「所得」が、ただちに課税されるのではありません。課税対象になるのは「課税所得」です。

「課税所得」は【所得－各種控除＝課税所得】として算出されます。「所得」と「課税所得」もまた、まったく異なる概念なのです。

表1-3は14の各種控除を示しています。それらは、性格の違いにより3つの部類に区分されます。

表1-3　各種控除と概要

控除の種類	概　　要
(1)　基　礎　控　除	所得稼得者本人の最低生活費
(2)　配　偶　者　控　除	配偶者の最低生活費
(3)　配偶者特別控除	配偶者に38万円超の所得があっても受けられる控除
(4)　扶　養　控　除	被扶養者の最低生活費
(5)　寡婦(寡夫)控除	離婚や死別の場合に控除
(6)　障　害　者　控　除	本人・配偶者等が障害者の場合に受けられる控除
(7)　勤　労　学　生　控　除	納税者が勤労学生の場合に受けられる控除
(8)　社会保険料控除	支払った社会保険料を全額控除
(9)　医　療　費　控　除	10万円を超える医療費を控除
(10)　生命保険料控除	支払った保険料を最高5万円まで控除
(11)　地震保険料控除	支払った保険料を最高5万円まで控除
(12)　寄　附　金　控　除	［寄附金－2,000円］を控除（所得の40％を上限）
(13)　小規模企業共済等掛金控除	支払った掛金を全額控除
(14)　雑　損　控　除	災害・盗難などの損害の一定額を控除

基礎的人的控除と特別な人的控除

基礎的人的控除は基礎、配偶者、配偶者特別および扶養の各控除をいいます。基礎控除は、一般に所得を得る本人の最低生活費に相当するものと考えられています。1947年に導入され、高度経済成長期には、その額は毎年のように引き上げられました。しかし、70年代後半以降は、わずかの引上げにとどまり、95年に38万円に引き上げられた後、現在ま

で据え置かれたままです。はたして38万円で、1人分の年間最低生活費を賄えるでしょうか。2018年の改正で2020年から48万円に引き上げられる予定ですが、給与所得控除が一律10万円引き下げられますから、実質的な引き上げにはなっていません。

　配偶者控除や扶養控除も基本的に38万円にすぎません。しかも、16歳未満の子どもの扶養控除は、民主党政権の「子ども手当」創設の財源として廃止されました。子ども手当の途中挫折後も、扶養控除は廃止されたままで、16歳未満の子どものいる世帯は実質増税になっています。

　なお、表1-3の(5)〜(7)までの控除が特別な人的控除です。

個人的支出控除

　これには、表1-3の(8)社会保険料から(14)雑損控除までの控除があります。その趣旨は、①担税力を減少させる特定の支出や損失に配慮し、税負担を調整する、②事業上の経費とはみなせないが、事実上所得を得るための支出として控除を認める、③社会的に望ましい特定の活動を税制上奨励する、などの理由から認められているのです。①にあたるのが、(8)から(11)の控除でしょう。②には(13)や(14)が入るといってよいでしょう。③にあたるのが(12)です。なかでも、重要なのは社会保険料控除です。これは、年金や医療、介護などの公的保険の保険料の全額を所得から控除するものです。

所得税は個人や世帯の人的事情を考慮に入れる「人税」

　所得税は個人や世帯の人的事情の違いを考慮に入れ、担税力に応じた税負担の実現を図ることができる税です。この点で、所得税はまさしく「人税」という特質をもつ優れた税なのです。しかし、人的控除、とりわけ基礎控除の額が最低生計費の水準と比べてあまりにかけ離れているために、所得税は「人税」としての本来の特質を発揮するのを妨げられています。

19

今の所得税は公平なの？
人的控除と課税最低限

基礎的人的控除のもつ意味

　所得税がまだ未成熟なあいだは、それは富裕層が負担する税にとどまりますが、所得税が広く一般の国民を課税対象に組み込むようになるにつれて、いわゆる累進原理の考え方が影響力を広げていきます。19世紀の末葉からイギリスの所得税に累進原理が発展していく過程を明らかにした財政学者シェハーブは、この原理には、①免税点などを示す所得控除、②所得種類間の差別課税、③税率の累進性という3つの側面があることを指摘しました。①は、人が生活必需品を賄うのに必要な最低限度の所得を、課税から除外することを意味します。②は、勤労所得と不労所得を区別し、勤労所得を軽課することを主張するものです（勤労所得軽課・不労所得重課の原則）。最後に、③は、累進税率の主張です。こうした特徴は、イギリスの所得税だけでなく、各国の所得税に共通する特徴です。

　基礎的人的控除は、まさしく上記の①の考え方によるものです。基礎控除の額は、高度成長さなかの1965年には12万7,500円でした。当時の1人当たり国民所得は約26万6,000円でしたので、基礎控除はその48％ほどでした。ちなみに、2016年の1人当たり国民所得は約308万7,000円ですから、基礎控除38万円は12％程度でしかありません。いかに基礎控除の水準が切り下げられたかが明らかです。65年当時は、「大蔵省メニュー」といわれる献立表により年間食費を算定して最低生活費を求め、基礎控除の額が設定されたといいます（税経新人会全国協議会・松田周平氏の指摘）。それなりに生活実態を反映させようとしていたとみられるのですが、いまではまったく非現実的な水準といってよいでしょう。

　人的控除軽視の姿勢は、配偶者控除の場合にとくに顕著です。わが国で最初に扶養控除が導入されたのは1920年。当時、妻は控除の対

象に加えられておらず、やっと妻にも扶養控除が認められたのは1940年でした。その後1961年になって初めて、配偶者控除が扶養控除から独立して創設され、金額も基礎控除と同額とされました。基礎・配偶者・扶養の各控除の金額が統一されたのは1974年です。それまでは扶養控除は基礎控除の半分程度の水準にとどめられていました。

1989年には16歳以上23歳未満の子どもの扶養控除に割増控除が設けられ、現在、扶養控除と合計して63万円になっています。教育費を含む種々の支出がかさむことに対する税負担の軽減措置とはいえ、サラリーマン本人の基礎控除が38万円に据え置かれたまま、一定年齢の子どもに割増控除を認めるのは、バランスを欠く手直しといわざるをえません。教育費のあり方や人的控除全体の見直しを含めて、負担のあり方を検討すべきです。

課税最低限とは？

課税最低限とは、一般に、税が課される最低限の所得をさしています。日本では給与所得者に限定して課税最低限を示します。その際、給与所得ではなく、給与収入から給与所得控除、社会保険料控除および基礎的人的控除を差し引いて課税最低限を算出しています。他国では、収入ではなく所得から控除される項目だけで課税最低限を出していますから、日本の方式は課税最低限を誇大表示する結果になります。

表1-4は各国の課税最低限を示しています。社会保険料控除は日・仏では算入、米・英では不算入、ドイツは概算控除です。国際的な比較は難しいのですが、財務省などは、日本の課税最低限は国際的にみて高いと主張してきましたが、実際には低く、低所得層まで課税されているのです。

表1-4 各国の課税最低限(2018年) (単位：千円)

	日 本	アメリカ	イギリス	ドイツ	フランス
単 身 者	1,211	1,356	1,881	1,630	2,919
夫婦のみ	1,688	2,712	1,885	3,099	5,030
夫婦子1人	1,688	4,954	1,885	3,099	5,902
夫婦子2人	2,854	5,425	1,885	3,099	6,769

注：日本円換算

所得税の負担はどうあるべき？

租税の公平を実現する上で最も重要な税が所得税

　一国の租税体系を構成する所得課税、消費課税、資産課税、流通課税のうちで、所得や資産の格差を是正する再分配効果を期待できるのは、所得課税と資産課税だけといってよいでしょう。消費課税や流通課税の場合には、税負担が逆進的になるので、再分配効果をもつどころか、むしろ格差を拡大する逆再分配の効果をもちます。消費課税や流通課税がもつこの逆再分配効果を緩和して、税制全体として再分配効果を発揮させるには、所得課税や資産課税の果たす役割が大変重要になることが理解いただけると思います。

　所得課税には所得税と法人税があります。法人税の負担は株主よりも消費者や従業員に転嫁されている可能性が大きいので、むしろ逆再分配の効果をもたらすでしょう。ですから、所得課税において再分配効果を果たすことができるのは、所得税以外にはありません。

　また、資産課税の代表格である相続税や贈与税が国税収入に占める割合は、それぞれ 3.2％、0.3％（2016 年）にすぎません。これではあまり大きな再分配効果は期待できないでしょう。資産課税の再分配効果を強めるには、新たな税が必要です。

所得税の負担の実態はどう変わってきた？

　1980 年代以降、所得税の税率構造は大きく変化しました。80 年代半ばには、税率は最低が 10.5％、最高が 70％ の 15 段階の構造でした。ところが、現在は、最低が 5％、最高が 45％ の 7 段階です（図 1-1）。2015 年にやっと 45％ の税率が付け加えられたのですが、この 30 年ほどの間に最高税率が大幅に引き下げられ、富裕層の税負担が大きく減らされたのです。

　そのうえ、所得税の建前は総合課税で、基本的にはすべての所得を

1 所得税は今のままでいいの？

合計して累進税率を適用するのが原則ですが、実際には資産所得（利子、配当、株式の譲渡所得、不動産の譲渡所得など）については分離課税が適用され、本来ならばより高い限界税率を適用されるはずが、国税・地方税を合計して約20％の課税で済んでしまうのです。分離課税こそは、日本の不公平税制の最大の温床にほかなりません。

こうして、日本の所得税の再分配効果は、OECD諸国のなかでも最低ランクに落ち込んでしまいました。図1-2は、所得税などによって当初の所得配分の状況が、課税後どの程度改善されたかをみたものですが、1980年代からほぼ一貫して低下し続けていることがわかります。

図1-1　所得税の税率の推移（イメージ図）

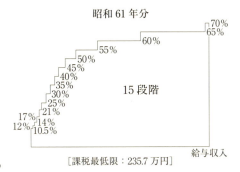

図1-2　税による所得再分配効果の推移

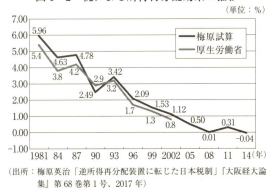

（出所：梅原英治「逆所得再分配装置に転じた日本税制」『大阪経大論集』第68巻第1号、2017年）

総合累進課税が望まれる

日本でも所得や資産の格差は大きく拡大しています。このような時代に、はたしていまのままの所得税でよいのでしょうか。改めて、**総合累進所得税の復権**が望まれます。

23

所得税をどう変えればいいの？
政府の所得税政策の後退

政府もかつては総合累進課税を理念として掲げていた

　日本の所得税制は、1947年に分類所得税が廃止され、総合所得税に一本化された後、1950年のシャウプ勧告税制により総合累進所得税が確立されました。しかし、その直後から資本蓄積の促進のためとして利子所得の分離課税が復活し、1953年にはシャウプ税制において「扇のかなめ」とされた株式譲渡所得の全額課税が廃止され、驚くことに非課税とされてしまいました。公平な税制をめざしたシャウプ勧告税制はここで崩壊したのです。その後は、配当にも分離課税が認められたことで、資産所得に対する分離課税制度が出そろい、こうして総合課税は骨抜きにされました。

　分離課税は、不公平税制の典型として、高度成長期以来、一貫して批判されてきました。政府も、所得税の総合累進課税によって負担能力に応じた公平な負担を求めることが原則であり、分離課税には問題があると認めながら、種々の事情や条件を考慮して続けざるをえないとの立場でした。不公平税制に対する批判は、1980年代、消費税導入のための「抜本的税制改革」が一大争点となった時期に、かつてなく高まりました。首相の諮問機関である政府税制調査会も、その答申で「『不公平税制』是正の声にも示されているように、租税の公平に対する国民の関心は高く、制度・執行両面にわたる税負担の公平確保が従来にも増して要請されている」と指摘せざるをえませんでした（1986年抜本答申）。こうして、1987年には利子所得の一律分離課税化、翌88年には株式譲渡所得の非課税から原則課税への転換が実施されたのですが、その際、いずれも1992年に総合課税に移行するかどうかを含めて見直しを行うことが規定されました。この規定に基づいて92年に設置された政府税調の小委員会は、総合課税をめざすべきだとしながらも、総合課税化した場合のさまざまなデメリットをあげ、結局、分離

課税に一定の評価を与えました。

いまでは総合課税の方向を放棄

　しかし、建前として総合課税を目指すべきだとする政府の立ち位置
は、90年代に次第に変化し始めます。政府税調の報告などでも、分離
課税という現行の課税方式は「相応のバランスが図られており、むし
ろ現実的な方策」とされるようになりました(1997年)。2000年代に入
ると、金融所得について課税の一体化をめざす方向が強調されはじめ
ました。そして、2004年の報告書で「『貯蓄から投資へ』の政策的要
請を受け、一般投資家が投資しやすい簡素で中立的な税制を構築する
観点から、現行の分離課税制度を再構築する」として金融所得を他の
所得とは分離して課税を一体化する方向が打ち出されたのです。これ
は分離課税をいっそう拡充する方向での所得税の再編を宣言したもの
であり、建前としてきた総合課税の方向を放棄したに等しいものです。
なお、一体化とは、利子・配当・株式譲渡所得などの金融所得間で広
く損益通算を認めることです。2009年に、まず配当と上場株式の譲渡
損失の損益通算が認められたのを手始めに、損益通算の範囲の拡大が
徐々に進められています。「貯蓄から投資へ」と、国民を安定的な貯蓄
からリスクのより高い資金運用の方向に誘導する一方、富裕な投資家
には金融所得課税の一体化で損益通算を認めることにより、リスクの
軽減を図ることができるようにしようというわけです。こうした方向
は、所得税の総合課税をまったく形骸化させるものです。

累進課税も後退

　それだけではありません。分離課税は一律20%の比例税率での課税
ですから、資産所得は分離課税によって累進税率の適用を受けなくて
済むようになります。つまり、分離課税は所得税のいま一つの特徴で
ある累進課税をなくしてしまいます。こうして、所得税は総合性も累
進税も失い、所得税の本来の機能を奪われてしまうのです。

所得税の本来のあり方は？　　総合累進課税

国際的租税競争でゆがめられた所得税

　1980年代以降、経済のグローバル化が急テンポで進みました。その背景には、金融の自由化・国際化や為替管理の緩和、情報・通信技術の著しい発展があります。資本が国境を越えて大規模に移動するようになり、「足の速い」短期的・投機的な資金の移動が活発化しています。

　資本はいうまでもなく最大の利益を上げることのできる国や地域に移動しようとします。そのため、各国は補助金の支出やインフラの整備、低賃金などと並んで、税制上の優遇措置によって資本を誘致しようと競争を繰り広げるようになりました。税金がないか、税率が著しく低く、規制のほとんどないタックス・ヘイブンの存在が、こうした国際的な租税競争を底なしの状況に追い込む結果となっているのです。日本も、香港やシンガポールとの競争を意識して、税率などの引き下げ競争に巻き込まれているのです。

　各国の所得税の最高税率の動向をみると、アメリカ・イギリスは引きあげていますが、その他の諸国はいずれも引き下げていることがわかります（表1-5）。日本は2016年には45％となっていますが、所得税の税源移譲前の2006年には37％でした。80年代の70％と比較すると、いかに大きく引き下げたかがわかります。所得税の税収の動向を日本とOECD諸国の平均と比べてみると、表1-6のとおりです。対GDP比でも税収に占める所得税の割合の点でもOECD諸国の平均よりも低くなっています。そのうえ、1990年から2015年のあいだの減少率でも、日本がそれ

表1-5　各国の所得税率

（単位：%）

	1990年		2016年	
	最低	最高	最低	最高
日　　本	10	50	5	45
アメリカ	15	28	10	39.6
イギリス	25	40	20	45
フランス	0	56.8	0	45
ド イ ツ	22	53	0	45
イタリア	10	50	23	43

26

ぞれ 27% 減、32% 減なのに
対し、OECD 平均は 18% 減、
17% 減にとどまっています。
それだけ、日本での所得税収
の落ち込みが大きかったこと
がわかるのです。

表 1 - 6　日本と OECD 諸国の税収動向

(単位：%)

	対 GDP 比		税収構成割合	
	1990 年	2015 年	1990 年	2015 年
日　　本	7.9	5.8	27.8	18.9
OECD 平均	10.3	8.4	29.4	24.4

グローバル時代に所得税は不向き？

　グローバル化が進むと、「足の速い」資本は税金が高い国や地域を敬
遠して流出するので、所得税の累進税率は企業や資本を誘致すること
ができず、また流出させる恐れが高まるので、グローバル時代には所
得税はふさわしくないなどと指摘されることがあります。たしかに租
税競争が激しく展開されている状況では、所得税が困難に直面すると
いうことは事実かもしれません。その結果、最高税率を抑えたり、極
端な場合にはフラット税といってごく低い 1 本の税率にするような考
え方もありますが、そうすると結局は移動できない労働や消費に対す
る課税だけが強化されることになりかねません。それでは、所得・資
産の格差が著しく拡大する状況をいっそう促進することになります。

垂直的公平と水平的公平

　租税の公平には、垂直的公平と水平的公平があります。前者は所得
が増えればそれだけ税負担も増えることを要請する基準です。これに
対して、水平的公平は勤労所得であれ資産所得であれ、同一の所得額
であれば同一の税負担を求める基準です。このふたつの基準を同時に
満たすことができるのは、所得税をおいてほかにはありません。消費
税は、現役であれ退職者であれ、すべての人に平等に課税されるので
水平的公平を満たすとされます。その時に前提となっているのは、格
差のない社会でした。しかし、格差が著しく拡大したグローバル時代
だからこそ、消費税ではなく所得税の充実を図る必要があるのです。

27

総合累進課税とマイナンバーは どう関係しているの？

納税者番号導入の出発点は、一般消費税の導入のため

　マイナンバーと呼ばれている社会保障・税番号制度は、税に関する事務にも、いわゆる「納税者番号」として使われています。

　納税者番号制度を導入しようという話は、1978年の税制調査会の答申にまで遡ります。答申には「利子・配当所得の適正な把握のためいわゆる納税者番号制度の導入を検討すべきである」と書かれていました。当時、持ち上がっていた一般消費税の導入には、金融所得の分離課税を廃止し、給与所得や営業所得などと合算した総合累進課税にすることが前提となっていました。そのためには金融所得の正確な把握が必要であり、納税者番号が不可欠とされたのです。

　ところが、番号制度反対の声は非常に強く、そのままの形では導入することは困難となりました。そこでグリーンカード制度が代案として出されたのです。マル優（少額貯蓄非課税制度）の対象とされる非課税貯蓄の不正利用を防ぐため、金融機関へのグリーンカードの提示と、カードの交付番号の告知を義務付けることで、本人確認を確実に行おうというものです。1980年に法案が国会で可決され、具体的な準備が進められました。しかし、国民の反発は収まらず、結局、実施に至ることなく1985年に根拠法は廃止されてしまいました。

社会保障番号の浮上と番号法

　この経験がトラウマになったのか、その後、納税者番号は何度か税制調査会で議論されたものの、具体的な進展はありませんでした。ところが小泉政権の時代、そこに社会保障番号の話が浮上してきました。当時、自己責任・自助自立をスローガンに、政府は社会保障費の大幅削減を進めていました。給付を減らすにはどうするか、対象を絞り込む、すなわち「真に支援が必要な人に対して公平な支援を行う」（骨太

の方針 2001）ことが必要だと考えたのです。「真に支援が必要な人」と「必要でない人」を仕分けるには、個人情報を名寄せする仕組みが必要です。それが新たな番号制度としての社会保障番号でした。

　この新たな番号制度を、税分野など多目的に使える共通番号として導入する法案をとりまとめたのは、民主党政権でした。当時の民主党は、「真に手を差し伸べるべき方々に重点的に社会保障を提供する」として、マニフェストに「税と社会保障制度共通の番号制度の導入」を掲げていました。政権交代後の安倍政権は、この民主党案を一部手直ししただけで国会に提出し、自民・公明・民主・維新などの賛成により 2013 年 5 月に番号法は成立しました。こうして 2016 年 1 月からマイナンバーが始まったのです。

マイナンバーは納税者番号

　ところで納税者番号とはどういうものでしょうか。財務省は①納税者は取引の際に相手方に番号を告げる、②納税者と相手方が税務署に各々提出する申告書等に番号を記載、③税務署は番号をもとに取引の情報を名寄せ・突合する、④これにより納税者の所得情報をより的確に把握することが可能になると、ウェブサイト等で説明しています。

　現在、私たちはマイナンバーを勤務先に告げることや、確定申告書に記載することを求められますが、それは税務署がマイナンバーを納税者番号として利用し、所得情報を名寄せするためなのです。

　また、預貯金口座へのマイナンバーの登録が、2018 年 1 月から始まっています。現在のところ登録は任意ですが、2021 年を目途に見直すこととなっています。近い将来、義務化される可能性があります。1978 年の税制調査会の答申に従えば、これで金融所得と合算した総合累進課税を導入することができるはずです。しかし、不思議なことに、そんな話は政府のどこからも、まったく聞こえてきません。

「マイナンバーで適正・公平な課税を実現」とは？

「所得の過少申告等の防止・税制」というけれど

　政府は「マイナンバーで適正・公平な課税を実現」するとしています。適正・公平には異論はありませんが、政府のウェブサイトには、マイナンバーと適正・公平の関係について具体的な話が見当たりません。

　唯一あるのは、番号制度創設推進本部が2011～12年に全国で開催したシンポジウムの資料の中に、「扶養控除のダブル適用の是正」と題した次のような話です。「母親と娘（同居）、息子（別居）がいる。両方が母親を扶養控除申告する。しかし、申告先の税務当局が違うため、扶養控除のダブル申告が容易には見抜けない。が、マイナンバーを使えば正確で効率的な名寄せができ、こうした不正を防止できる」。

　確かに扶養控除のダブル適用は「不正」です。しかし、解せないのは「所得の過少申告等の防止」の例として示すことができるのは、これしかないのかということです。マイナンバーに脱税防止を期待している人も多いと思いますが、現実は期待外れもはなはだしい、こんな庶民相手の小さな話しかないのです。

「適正・公平な課税」のターゲットは庶民

　政府の説明はこれだけですが、他にも「適正・公平な課税」については、こんなことが考えられます。高い学費などを賄うために大学生や高校生がアルバイトをするのが普通になっています。こうした人達の中には確定申告も年末調整もしていない人が多数いるでしょう。アルバイト収入が多いにもかかわらず、親の扶養家族になっている場合もあるでしょう。マイナンバーをアルバイト先に届けさせることで、こうした収入も税務署は正確に把握することができます。

　また、給与所得者が、給与だけでは生活が困難だと副業をすることが増えています。こうした場合、本来の給与と副業の所得をあわせて

確定申告をする必要がありますが、行っていない人も多いのではないでしょうか。番号を使った名寄せをすることで、税務署は本人に申告を促すことが可能となります。これらマイナンバーによる「適正・公平な課税」は、すべて高額所得者ではなく庶民が対象です。

「不正を正す」ことは、庶民が対象だとしても良いことだ、正義だと言われる方も当然いるでしょう。現在、所得税の納税者の大部分は、給与所得者です。にもかかわらず、給与所得者の多くは所得税の仕組みを残念ながらよく理解していません。これは、源泉徴収制度と年末調整制度によって、勤務先に任せっきりになっているからです。また、納税者としての教育が、学校でまったくなされてこなかったことも大きな原因です。「扶養控除のダブル適用」を、不正な意図でやっている人は実際どれだけいるのでしょう。それがダメなことも、控除の仕組み自体もよく分からないまま、扶養申告書に親の名前を書いて勤務先に出している人も多いのではないでしょうか。

マイナンバー制度の限界

一方、国税庁は、「個人番号・法人番号を利用しても事業所得や海外資産・取引情報の把握には限界があり、個人番号・法人番号が記載された法定調書だけでは把握・確認が困難な取引等もあるため、すべての所得を把握することは困難であることに留意が必要です」と、番号制度の限界を認めています。

今日、高額所得者、特に超富裕層がタックス・ヘイブン（租税回避地）といわれる税金がかからない国々に資産を預け、運用するのが当たり前になっています。租税回避地となっている国々が、日本政府に協力して、日本人が保有している資産に個人番号を紐付けることなど、果たして期待できるのでしょうか。

結局、マイナンバー制度は庶民からさらに厳しく税金や社会保険料などを取り立てるのに役立つだけで、富裕層に適正・公正な課税を行うことには役立たないおそれが強いのです。

2　会社が法人税を納めるのはなぜ？
会社に税負担を求める理由は？

「二重課税」問題

　ここで取り上げる会社は個人企業ではなく、法人企業です。個人企業であれば、その利益には所得税が課税されることになるので、法人税は関係ありません。法人税が課税される対象は、法人企業です。

　法人に対する課税は、当初から「二重課税」だと批判されてきました。つまり、法人企業の利益に対して法人税が課税され、その課税後の利益から株主に配当が支払われると、それに対してまた所得税が課税されるのが「二重課税」だというのです。個人投資家が株式以外の投資対象に投資した場合には所得税の課税だけで済むのに、株式に投資した場合には法人税と所得税を「二重」に課税されることになり、株式投資が不利になるというわけです。それでは法人企業が広範な投資家から資金を調達することができなくなり、法人企業の活動が制約されるというのです。しかし、だからといって法人税を単純に廃止すれば問題が解決するわけではありません。法人税が廃止されれば、会社の将来の利益が増大するとの予想を反映して株価が上昇し、株主が「たなぼた」利益を手に入れることになるからです。

　そこで、法人税を廃止できないとすれば、法人企業に課税する根拠は何かが、古くから問題とされてきたのです。

法人税はなくても済む?!

　ひとつの見解として、キャピタル・ゲイン（株価の上昇による利益）を全額課税すれば法人税はなくても済むという主張があります。上記の株価の上昇による「たなぼた」利益に課税することで、法人税が廃止された場合に生ずる問題を解消できるからというわけです。しかし、キャピタル・ゲイン課税は株を売却したときしか課税できません。株を保有し続ければ課税はされず、その間、株主は「含み利益」を活用

できますから、この主張は誇張されているといってよいでしょう。

法人税の課税根拠についての学説

　法人税の課税根拠をめぐっては、これまでさまざまな見解が展開されてきました。アメリカの著名な財政学者リチャード・グードは名著『法人税』（1951 年）のなかで、特権説、利益説、社会的費用配分説、支払能力説、社会統制説を紹介しています。

　特権説は、株式会社を設立して事業を営むことを国家から認められた特権に対する負担として法人税を捉える考え方です。株主の有限責任、所有権の簡易な譲渡、株式会社間の合併などのあらゆる権利が国家によって保障されていることに着目した考え方です。

　利益説は、特権説と重なる側面がありますが、株式会社が享受するさまざまな便宜、便益を法人税の根拠とする考え方です。また、大企業などが大都市などに集中する傾向がありますが、それは都市のもつ集積の利益を利用するためであるとして、その利益に見合う法人税の負担をすべきだとの主張も行われました。

　社会的費用配分説は、私企業が本来は負担すべき特定の社会的費用を負担していないため、国家がその社会的費用を負担せざるをえないことから、その財源として法人税が必要となるとする考え方です。その実例には、学校教育、公衆衛生、法制度の整備など企業にとって有用な政府サービスや、便益とは逆に、企業活動が引き起こす公害や環境破壊に対する政府の対策費用があります。

　支払能力説は、「社会的有用性」という基準に基づいて株式会社の利潤や配当は、法人税に代わる税が課税される他の所得よりも社会的有用性が低い点に、法人税の根拠を求める見解です。

　最後に、**社会統制説**は、とくに巨大企業にしばしば伴うさまざまな弊害を統制ないし防止するうえで、法人税が役立つとする考え方です。

　以上、法人税の課税根拠にはさまざまな考え方があり、通説はありません。しかし、法人税廃止論が非現実的であることは明らかです。

33

もし法人税がなくなるとどうなる？

もし法人税がなくなると…

　一国の税制からもし法人税がなくなったら、いったいどういう結果が起こるでしょうか。結論からいうと、次の3つの可能性があるでしょう。すなわち、①個人事業が著しく減少し、法人を設立する者が増える、②資産家や富裕層が資産管理と運用のために法人を設立し、利益が出ても配当をせず内部留保を増やす、③国や地方自治体は法人税がなくなり税収不足に陥るため、消費や労働その他を対象にした増税を行う、がそれです。これらの可能性のどれかではなく、これらの事態が同時並行で起こるでしょう。

法人成りが増える

　個人事業者が法人を設立し、それまでの個人事業から法人として事業を行う形に転換することを「法人成り」といいます。税制上、法人の方が有利であれば、「法人成り」が増えることは避けられません。また、「法人成り」ではなく、事業をスタートするときから法人という形態をとる人も増えることは間違いないでしょう。所得税と法人税は密接に関連しており、税負担からみてどちらが有利になるかによって、事業を行う者は、個人事業者として所得税の適用を受けることを選択するのか、それとも法人事業として法人税の適用を受けることを選択するのか、どちらかを判断することになります。もちろん、その判断にあたっては税制だけが唯一の判断基準ではなく、社会的信用の確保などさまざまな要因が絡むでしょうが、税制が重要な要因であることは間違いありません。

　もともと日本の法人企業数は、大変多いのが特徴です。2010年前後ではアメリカ580万社、イギリス189万社、ドイツ93万社に対し、日本は273万社です（税制調査会資料）。1950年に24万社にすぎなかった

のが、高度成長期に増加を続け、ピーク時の2006年には285万社に激増していることからも、法人成りの影響がうかがえます。

富裕層の租税回避の手段となる

　法人企業には当然、株主がいます。富裕層は大規模に株に投資できるでしょうから、大口株主として会社の経営にも一定の影響力を行使できるでしょう。会社が配当を行うと、株主は配当所得に対し所得税を課税され、累進税率で課税されることになります。もし会社が配当せず利益を内部留保すれば、それを反映して株価が上昇するでしょう。価値の増加した株を売却すれば、株主は売却利益を獲得しますが、一般に株式の譲渡所得は配当所得よりも税負担が著しく軽いので、大口株主には大変有利になります。これは株式を上場している公開法人のケースですが、オーナー経営者として非上場の法人を設立して利益を配当せず、内部に留保して法人税の負担を免れることも可能になります。現代はグローバル経済の時代で企業は自由に海外にも進出できますから、タックス・ヘイブンなどを利用して租税負担の回避を図ることが可能です。しかし、国内で法人税がなければ、国内にタックス・ヘイブンがあるのと同様になってしまいます。

法人税以外の税の負担が重くなる

　法人税がなくなれば、税収に大きな穴があきますから、政府としては何か代わりの財源を見つけなければなりません。日本では、90年代以来の法人税率の引下げなどにより法人税収入は国税収入の30%前後から近年は20%前後（約12兆円）に縮小していますが、それでもこれだけの税収をもたらす基幹税のひとつを失えば、代わりの財源を見出すことはきわめて困難です。もし消費税で穴埋めをするのであれば、消費税1%で約2.1兆円の税収ですので、12兆円であれば6%近く消費税率を上げなければならなくなります。所得税で代替させることももちろん困難です。法人税の廃止は、実行不可能です。

法人税のあり方には 2 つの考え方がある

法人本質論と法人税

　法人税のあり方は、かつては法人の本質論と係わらせて論じられるのが通例でした。法人の本質論は、法人実在説と法人擬制説が代表的なものです。政府税制調査会でも以前は、法人本質論をふまえて法人税を論ずることが多かったのですが、ある時点からそうした議論は神学論争だとして棚上げしてしまいました。しかし、1970 年代までは、日本でも法人実在説に基づいて法人税制を構成する考え方が大変強い影響力を持っていました（たとえば、佐藤進『日本の税金』東京大学出版会、1979 年）。また、大企業と中小企業とでは前提とする法人の特質が異なり、前者には法人実在説が妥当するが、中小企業はむしろ法人擬制説の方が適切であり、したがって、法人税のあり方も両者の間ではおのずから異なるとする考え方が有力でした。

法人実在説とは

　法人実在説とは、「法人は社会の中で、実態として存在し、自然人における意思と同様に団体意思を有するものであり、この意味から権利能力のみならず、固有の意思及び行為能力を有するとする説」とされます（金子宏編著『税法用語事典［四訂版］』税務経理協会、2000 年）。この考え方に立てば、法人と個人株主は別個の人格であり、法人に対して法人税が、個人株主に対して所得税が課税されるとしても、そのことは二重課税には当たらないことになります。したがって、税金の計算の上では法人税と所得税の「二重課税」の調整をする必要はありません。それだけでなく、法人を固有の課税客体とみるので、法人の税負担能力に応じた累進税率の適用も許されることになり、むしろその方が公平の基準を満たすとされます。

　実在説に基づく法人課税は、法人に対する課税が始まった当初から

有力な考え方で、古典的システムといわれます。また、個人株主とは係わりなく法人が税負担することから独立型法人税ともいわれます。現在でも大企業にはこの考え方の方が適合的だと考えられています。

法人擬制説とは

　一方、法人擬制説によれば、法人は株主の集合体であり、それを法が一定の人格に擬制したものにすぎず、本来の法的主体は自然人以外ありえないとされます。したがって、法人所得は本来、個人株主に帰属する所得ですから、法人所得に対して課される法人税は、個人株主に対する所得税の前取りということになります。本来、個人株主に帰属する所得に法人税と所得税が課税されているのですから、二重課税に対する税負担の調整を行わなければならないことになります。

　調整にあたっては、法人所得の最終的な税負担が個人株主の段階で決まるようにするため、法人税と所得税を統合した税負担が、個々の個人株主に適用されるのと同じ税率になるように税制が調整されなければなりません。法人税は所得税と統合されるので、このタイプの法人税は統合型法人税ともいわれます。

　統合には、法人の留保所得も含めた統合を行う完全統合や配当所得だけについて統合を行う部分統合などさまざまなタイプがあります。1990年代まではヨーロッパ主要国を中心にインピュテーション方式といわれる部分統合への流れが強まっていましたが、近年は法人税制の行方について明確な方向を見出しがたくなっています。

日本における法人税の歴史

　日本で法人所得が課税対象になったのは1899（明治32）年ですが、1920（大正9）年に法人実在説的課税に転換し、戦前は基本的にこの制度が維持されました。戦後、シャウプ勧告により法人税制は法人擬制説による税制に転換しましたが、その後の改正により実在説と擬制説の折衷的な法人税制となり今日に至っています。

課税対象となる法人所得とは？

法人の所得とは？

　法人税の課税対象は法人所得です。法人税法は、それぞれの事業年度の法人所得を「当該事業年度の益金の額から当該事業年度の損金の額を控除した金額」としています。つまり、「益金－損金＝法人所得」の算式によって、法人所得を計算することになっています。

　他方、法人は一般に公正妥当と認められる企業会計の慣行に従って、その事業活動の会計処理を行っています。その企業会計では「収益－費用＝企業利益」によって損益計算を行い、企業利益を算出します。では、企業利益と法人所得は同じものなのでしょうか。

　法人税法では、法人所得は一般に公正妥当と認められる会計処理の基準に従って計算するとされていますから、法人所得の算定は企業会計による決算利益の確定が前提となっています。しかし、法人税法は決算利益をもとに、これに税法独自の調整を行って「法人所得」を算出します。これには「益金算入」「益金不算入」「損金不算入」「損金算入」の４種類の調整があります（表2-1）。こうした調整措置は、租税政策によって法人所得を決算利益よりも増大させるのではなく、むしろ縮小させる傾向が強く、税法が法人の課税ベースを縮小し、税負担を軽減している実態があります。

表2-1　法人所得と決算利益との関係

	内　　容	項　　目
益金不算入	決算利益では収益だが、税法上は益金に算入しない	・受取配当等・資産評価益・還付金等
益金算入	決算利益では収益ではないが、税法上は益金に算入	・資産の無償譲渡・売上の計上もれ ・受贈益の計上もれ
損金不算入	決算利益では費用だが、税法上は損金に算入しない	・資産評価損・寄附金・交際費等・減価償却費の限度超過額
損金算入	決算利益では費用ではないが、税法上は費用に算入	・特別償却・準備金・圧縮記帳の圧縮額・繰越欠損金

益金不算入

これには、受取配当等の益金不算入や税金の還付金などがあります。前者は法人が受け取る配当を益金に算入しないというもので、法人擬制説に基づく措置です。また、税金の還付金の代表例に、輸出企業が輸出の際に消費税の還付を受けるケースがあります。

益金算入

益金算入は企業にとっては税負担が増える調整です。これには資産の無償譲渡、売上の計上もれ、受贈益の計上もれなどがあります。

損金不算入

これには、資産の評価替えを行った場合の評価損、寄付金や交際費、減価償却費の限度超過額などがあります。資産の評価益を益金に算入しないのと同様に、評価損は損金に算入しないのが原則です。これは資産の評価については原則として取得原価主義によることとされているためです。交際費等は1982年度から原則損金不算入ですが、中小企業は一定額までは損金算入できます。最近、大法人も飲食費のうち50%以下について損金算入が認められました。また、寄附金については国等に対する寄附金や指定寄附金は全額損金算入が認められますが、一般の寄附金は事業目的との関連があいまい等の理由から一定限度を超える部分については損金算入が認められません。

損金算入

これは、租税政策によって損金を拡大する優遇措置で、多くの項目があります。特別償却は租税政策上、特例として認められる追加的な償却です。準備金は、特別償却と並んで企業関連政策税制の中核をなす制度です（富岡幸雄『新版税務会計講義（第2版）』2011年）。将来の特定の支出や損失に備えるためとして、一定の金額を損金に算入して積み立てるもので、利益留保の性格の強いものです。

法人税率はどうなっている？

法人税率は継続的に引き下げられてきた

　表2-2は法人税の基本税率について、1980年代のピーク時から現在までの推移を示しています。1984年には43.3％でしたが、その後は一貫して引き下げられ、2018年になると23.2％へほぼ半分近くの水準になっています。法人税の税率は、ほかに中小企業に適用される軽減税率があります。こちらも基本税率の引下げに合わせて引き下げられましたが、かつては10％以上あった開きが現在では4％ほどにまで縮まっています。中小企業には厳しくなったといえるでしょう。法人税率が継続して引き下げられるようになったのは、消費税が導入される80年代末以降であり、この背景には財界の意向が反映しているといってよいでしょう。消費税導入によって、法人税増税への圧力は後退したと財界は考えたのです。

　2015年以降の税率引下げは「世界で一番企業が活躍しやすい国」をめざす安倍内閣の強い意向によるものです。

表2-2　法人税率の
　　　　推移

変更年	税率(%)
1984	43.3
1987	42.0
1989	40.0
1990	37.5
1998	34.5
1999	30.0
2012	25.5
2015	23.9
2016	23.4
2018	23.2

日本の法人税負担率は高い？

　日本の法人税率は、国際的にも、またとくにシンガポールや香港、韓国などアジアの国々と比べても高く、国際競争の点で不利だとされてきました。これらの国々の法人税率は、2010年前後、シンガポール17％、香港16.5％、韓国が最高20％でした。しかし、韓国はさておき、シンガポールや香港のようなタックス・ヘイブンといえる国・地域と比較すること自体、論外です。当時、法人税率が低いシンガポールの法人税収を住民1人当たりで計算すると21.4万円です。他方、税率が高

い日本の場合、1人当たり法人税収は7.1万円で、シンガポールをはるかに下回ります。両国の経済・社会事情の違いを無視して、シンガポール並みの税率を求めることは、無謀な議論です。

　法人の税負担率の水準を決めるのは、税率だけではありません。税負担率は法人税率と、その税率が適用される課税ベースの水準によって決まるからです。課税ベースについては次項で取り上げますが、日本の法人の税負担率を法人税率だけでみることは、正確ではないのです。法人税だけでなく、地方の法人関係税、不動産課税、社会保険料負担などを加味した法人課税の負担の対GDP比を比較してみると、アメリカ11.2%、イギリス8.3%、ドイツ9.2%、イタリア14.3%、フランス15.8%に対して、日本は9.4%となっています（2004年の数値。神奈川県『地方税源の充実と地方法人課税』2007年、第8章、参照）。先進国のなかで、日本が高いとはいえないことがわかります。

法人税率を下げれば経済は活性化する？

　法人税率を下げれば、国内の企業の利益が増大し、海外に進出しなくて済むとか、外国からも企業が進出して日本の経済が活性化するなどといった議論がありますが、これも正確な議論とはいえません。企業が海外進出するかどうかを決定する要因は税制だけではなく、海外での需要の増加や国内での需要の減少など市場要因が大きく、税負担が高いという要因は驚くほど小さいことが、継続的な調査によって確かめられているからです（ジェトロ調査）。

　国内への企業立地を促進したり、企業が海外進出するのを思いとどまらせるには、国内での需要の拡大や安定した雇用の確保と賃金引上げ、家計所得の増加などの方がずっと重要であることを調査結果は示唆しています。賃金デフレによって国内需要が低迷ないし減退する国に、海外からの投機資本の動きは別として、外国の資本が日本に安定的に投資するなどとは期待できません。デフレ脱却には、法人税率引下げの前に、雇用・賃金条件の改善こそが図られるべきです。

会社に対する租税特別措置とは？

租税特別措置とは

　租税特別措置とは、負担公平の原則を犠牲にしながら、経済政策目的の実現のために特定の経済部門や国民層に対して税負担の軽減や免除を行うものです。これは法人税に限らず、他の税目でもみられますが、わが国では戦後の高度成長期から現在に至るまで、経済成長と資本蓄積を促進するために、多くの特別措置が法人税に適用されてきました。こうした優遇措置は、いったん実現すると既得権益化し、なかなか廃止・縮小ができないという弊害をかかえています。

具体的な内容は？

　特別措置は租税特別措置法に規定されているものだけでなく、法人税法自体に含まれる項目もあります。さきに法人所得が益金と損金の差額として算定されることをみました。課税優遇のための租税特別措置は税率の引下げとともに、この法人税の課税ベースである法人所得を過少に算定するメカニズムといえます。それには、益金を縮小するか、損金を過大にすれば可能です。前者には「利潤の資本化」といわれるものと、税法上益金に不算入とされるものがあります。「利潤の資本化」や益金不算入の代表例はそれぞれ株式払込剰余金、法人間受取配当です。後者の損金の過大化は「利潤の費用化」といえますが、これは、引当金や準備金、特別償却、法人税額の特別控除などが代表的な項目です。

戦後の税制史を振り返ると

　すでにふれたシャウプ勧告税制は、特別措置を認めないことを原則とし、唯一の例外として貸倒準備金だけを認めました。ところが、太平洋戦争の敗戦による連合国の占領から独立を回復した後には資本蓄

積と経済成長のためとして特別償却の拡大や価格変動準備金の導入などの優遇措置が年を追って拡大されました。こうした特別措置による法人税の減収割合は、1950年代後半のピーク時には平均して30%を上回ったとされています（国民税制調査会『企業課税』学陽書房、1977年）。

研究開発税制という大企業優遇の特別措置

　表2-3は試験研究を行った場合の法人税額の特別控除について、資本金階級ごとの適用主体につい分析を試みたものです。資本金100億円超の法人が全体（6,660億円）のうち89.8%の適用を受けていることがわかります。この措置に象徴されるように、一般に特別措置の適用を多く受けるのは大企業に偏っているのが特徴です。

法人税の課税ベース

　日本の法人税負担は重いと批判されてきました。しかし、表2-4では、法人所得に対する課税ベースの比率は先進国のなかでは最低であることがわかります。その結果、法人税収の対GDPもアメリカ、イギリスと変わりません。日本の法人税担がとくに重いとはいえないことがわかります。

表2-3　試験研究を行った法人の税額の特別控除
（単位：億円）

資本金階級	単体	連結	合　計	
1億円以下	376	30	405	6.1%
5億円以下	208	6	213	3.2%
10億円以下	62	3	65	1.0%
100億円以下	562	134	696	10.5%
100億円超	1,658	3,621	5,279	79.3%
合　計	2,865	3,795	6,660	100.0%

（出所：「租税特別措置の適用実績調査の結果に関する報告書」（2017年度）から作成）

表2-4　法人所得に占める法人税課税ベース（2010年）
（単位：%）

	法人税収(国・地方)/GDP	国・地方を合わせた法人税率	課税ベース/法人所得	法人所得/GDP
日　　本	3.2	39.5	31.9	25.3
ア メ リ カ	3.4	39.2	49.3	17.7
イ ギ リ ス	3.1	28	63.4	17.2
ド イ ツ	2.2	30.2	48.9	14.7
フ ラ ン ス	2.1	34.4	47	13.3

（出所：財務省『ファイナンス』2014年8月号、有斐閣ウェブサポート『テキストブック現代財政学』）

赤字法人問題ってなに？

赤字法人の推移

　赤字法人とは当期の決算利益が赤字の法人をいいますが、税制では「欠損法人等」の用語が使われます。欠損法人等とは、「所得金額が負又は０となる法人（＝欠損法人）及び繰越欠損金を控除した結果所得金額が０となる法人」（総務省資料）とされています。表２-５にみるように、赤字法人は戦後、増加傾向をたどってきました。法人全体に占める割合は、データのある 1951 年の 16.5% からピークの 2009 年、10 年には 72.8% に達しましたが、その後は若干減少しています。

赤字法人の状況

　赤字法人の状況を外国と比較してみると、表２-６のとおり、やはり日本の割合が最も高いことがわかります。2016 年度には 267 万社の法人のうち赤字法人は 63%、169 万社でした。赤字法人のうち資本金１億円以下の中小企業は法人数で 99.7%、欠損金額では 6.8 兆円、欠損全体の 62.7% を占めました。これに対し、１億円超の赤字法人・連結法人は法人数では 0.3% とわずかですが、金額では 4 兆円、欠損全体の 37.3% を占めています。赤字法人としては、中小企業が圧倒的比重を占めていることがわかります。ちなみに、利益法人の状況では、１億円以下の中小企業が 18.2 兆円、利益全体の 30.6% を占める一方、１億円超法人・連結法人が法人数では 1.7% にすぎませんが、金額では 41.3 兆円、利益全体の 69.4% を占めています。

表２-５　赤字法人の割合

年	%
1951	16.5
1960	26.9
1970	30.3
1980	48.3
1990	48.4
2000	68.4
2010	72.8
2016	63.5

表２-６　赤字法人の国際比較

	欠損法人等の数
日　本（2012 年度）	197 万社（72%）
アメリカ（2010 年度）	269 万社（46%）
イギリス（2011 年度）	91 万社（48%）
ドイツ（2009 年度）	52 万社（56%）
韓　国（2011 年度）	21 万社（46%）

法人税の負担状況では、1億円以下の中小企業が35.3％、1億円超法人・連結法人が64.7％となっています。全法人数のうち0.8％ほどの中堅・大企業が法人税の3分の2を負担し、残りの3分の1を全法人の36％にあたる1億円以下の中小企業が負担している形です。

赤字法人への課税問題

　全法人に占める赤字法人の割合が6～7割を占める状況から、赤字法人に何らかの課税を行うべきではないかとの主張が繰り返されてきました。1996年の政府税制調査会「法人課税小委員会報告」は、赤字法人対策として課税ベースの見直しや地方税である法人事業税の外形標準課税の導入や法人住民税均等割の適宜見直しなどを提案しました。

　これを受け「2003年度税制改正」は、資本金1億円超の法人（全法人の1.2％ほど）を対象に外形標準課税を導入し、2004年度から実施に移しました。外形標準課税とは、所得を基本とした法人事業税の課税ベースに付加価値額（税引後純利益、支払利息、人件費などの合計額）および資本金額という外形標準を加えて課税することを意味しています。

付加価値および資本金を課税対象にすることで、たとえ法人所得がゼロでも課税でき、赤字法人への課税が可能になるのです。その後、付加価値・資本金の割合が高められましたが、今後は資本金1億円以下の法人にも適用する方向がつよめられようとしています。なお、均等割の税率および税収は表2-7、表2-8（2017年度）のとおりです。

表2-7　法人住民税均等割の税率（2008年度以降）

資本金等の額	都道府県民税均　等　割	市町村民税均等割	
		従業者数50人超	従業者数50人以下
1千万円以下	2万円	12万円	5万円
1千万円超1億円以下	5万円	15万円	13万円
1億円超10億円以下	13万円	40万円	16万円
10億円超50億円以下	54万円	175万円	41万円
50億円超	80万円	300万円	

表2-8　地方住民税の税収

		税収額
法　人道府県民税	均　等　割	1,530億円
	法人税割	6,094億円
法　人市町村民税	均　等　割	4,399億円
	法人税割	17,843億円

45

法人税率をどうする？

法人税率を下げれば代わりの財源が必要になる

　法人税は、所得税と並んで国の基幹税のひとつです。法人税率の引下げによってその分の税収が減ると、当然ながら代わりの財源が必要になります。それでなくても、日本の財政は毎年度、巨額の国債を発行しなければ維持できなくなっています。**法人税率を1%下げれば5,000億円の減収になるとされます。**1980年代末からの度重なる法人税率の引下げによって、税率はこの間、20%近くも引き下げられました。そのため、法人税収は、この30年近くの間に合計200兆円を上回る減収になっています。法人税率を下げれば、当然ながら、代わりの財源が必要です。歴代の政権は、国民からの反発を受けるのを恐れ、本格的な税制改革の提案を先送りし、毎年度、30兆円から40兆円もの国債を発行し、その場しのぎの対応で済ませてきました。そのツケは将来世代への膨大な負担として、なお累積を続けています。

法人税率の引下げは「経済の好循環」を生む!?

　安倍政権は、法人税率を引き下げれば、設備投資がふえ、賃金も増加して経済の好循環が生まれると声高に主張してきました。現実がそのとおりになるのでしたら、法人税率の引下げも歓迎すべきことかもしれません。経済が成長し、賃金（実質賃金でなければ意味がありませんが）の増加によって家計消費も増え、企業の業績も上向きになり、税収も増加して財政も健全化する、このシナリオが実現するのであれば大変喜ばしいことです。

　しかし、現実はこのシナリオとは真逆です。法人税率は大幅に引き下げられましたが、円安による輸入原材料などの値上がりや賃金の抑制などにより勤労世帯の実質賃金はむしろ減少し、実質家計消費も減少しています。企業の設備投資は盛り上がりを欠いていますが、それ

でも大企業などは史上空前の利益を上げています。賃金の抑制と法人税減税が空前の利益に貢献しているのです。

　財政がこれほどの危機的状態にあるとき、企業も社会的責任として応分の負担をすることは当然ではないでしょうか。消費税増税によって国民ばかりに負担を転嫁すれば、デフレ経済からの脱却は不可能となるだけでなく、デフレのさらなる悪化を招くことになります。

税率の国際的な引下げ競争

　経済がグローバル化し、財・サービスやヒトだけでなく、巨額の資本が世界的規模で活発に移動するようになると、各国は資本や企業を誘致するために、さまざまな優遇措置を与えることによって競争に勝ち抜こうとするようになりました。法人税率の引下げは、そうした国際的な税率引下げ競争の一環でした。

　法人税率の引下げ競争は、1980年代前半のイギリスに始まり、アメリカの86年税制改革での法人税率の大幅な引下げを経て、90年代には北欧諸国などへといっそうの広がりをみせるようになりました。なかでもアイルランドはタックス・ヘイブン並みの法人税率の引下げなどの優遇措置によって、欧州に進出する多国籍企業の集中的な立地先となりました。今日では、イギリスが19%にまで下げた法人税率を2020年にさらに17%に引き下げる予定ですし、アメリカも2018年から連邦法人税率をそれまでの35%から21%に引き下げました。

国際的な課税協調のイニシアチブを！

　各国が法人税率などの引下げに狂奔しているときに、一国だけが法人税率の引上げを実行に移すことは、確かにきわめて困難なことです。しかし、法人税率の引下げ競争を放置すれば、その結末は明らかです。消費税増税によっても財政赤字は拡大し続け、福祉国家は成り立たなくなり、国民生活の基盤は崩壊しかねません。日本が世界経済の牽引者であるアジアに立地する国として、イニシアチブを発揮すべきです。

租税特別措置をどう改革する？

法人税関係の特別措置の実態

　法人税関係の租税特別措置の実態について、報告書が公表されています。これに基づき、会計検査院が行った検査によれば、2011〜13年度の特別措置による法人税の減収額はそれぞれ 9,049 億円、1 兆 3 億円、1 兆 4,805 億円とされています。2019 年 2 月に公表された最新の報告書によって、2015〜17 年度の税額控除だけを抽出すると、それぞれ 1 兆 618 億円、1 兆 547 億円、1 兆 483 億円となっています。特別措置はこのほかに法人税率の特例、特別償却、準備金、課税の特例などがあるので、減収額の規模はさらに膨らむことになります。

法人税の減収を招くより大きな原因

　法人税の減収は、上記の租税特別措置法に規定される項目よりも、むしろ法人税法自体に規定されている項目の方が大きいのです。その代表格が、法人間での受取配当の益金不算入と外国子会社からの受取配当の益金不算入です。法人資本主義の日本ではとくに問題です。

　法人が法人から受け取る配当は、決算利益では収益ですが、法人税法では益金には算入しません。これは法人擬制説の考え方にもとづく措置です。この制度は 1950 年のシャウプ勧告税制で導入されました。その後、1989 年度の税制改正で消費税が導入された際、不公平税制是正の一環として課税強化が行われ、株式保有割合 25% 未満の株式の場合、益金不算入割合がそれまでの 100% から 80% に縮小されました。2002 年度、15 年度にも改正が行われ、株式保有割合 5% 超 1/3 以下 50%、5% 以下 20% に変更されました。益金不算入額は 2000 年の 1.3 兆円から 16 年度には 11.8 兆円に増加しており、そのほとんどは資本金 100 億円以上法人と連結法人が恩恵を受けています。その減収額は、11.8 兆円に法人税率を掛けた 2.8 兆円になります。

2 会社が法人税を納めるのはなぜ？

外国子会社からの受取配当の95％を益金不算入とする制度は、2009年度の税制改正により、それまでの外国税額控除制度に代えて導入されました。国内の親会社が外国法人の株式の25％以上を、6ヵ月以上の期間保有していることが適用の要件です。外国税額控除制度とは、国内の親会社が外国子会社から受け取る配当に対し本国で法人税を課税される際に、受取配当について外国子会社が支払った外国法人税を控除することで、国際的二重課税を回避する制度です。親会社が課税されるのは、外国から配当を受け取った場合だけですから、課税を避けるために外国子会社は利益の多くを海外に留保する傾向がありました。制度導入のねらいは、海外利益の国内への還流を促進し、日本経済の競争力を強化することとされています。新制度は外国から受け取る所得に対し課税を免除するものですから、国外所得免除制度（領土主義課税方式）ともいわれます。外国子会社から受け取る配当だけに適用され、それ以外は従来どおり外国税額控除制度（全世界所得課税方式）が維持されていますから、折衷的な制度が採用されたわけです。それ以上に問題は、外国子会社が進出先でまったく課税を受けていない所得から親会社に配当を支払う場合も、益金不算入とされることです。この場合には、二重課税どころか、二重非課税になります。この益金不算入額は制度開始当時の2010年度には3.9兆円でしたが、2016年度には7.8兆円へと急速に増加しています。

租税特別措置をどう改革する？

政府税調の報告書「法人税の改革について」（2014年）は、税率の引下げにより企業の競争力の強化を図るため、課税ベースを拡大することを提起し、租税特別措置見直しの基準を示しています。それは、①期限のある政策税制は期限到来時に廃止、②期限がなければ期限を設定、③利用実態の偏ったものは廃止、といった基準です。アメリカの「租税支出予算」のように、租税特別措置を分析した報告書について毎年度、国会で審議検討し、改革を重ねていくことも課題です。

49

3 消費税は財政再建の切り札なの？

消費税はどんな仕組みなの？

消費税のモデルはヨーロッパ諸国で先行実施されていた付加価値税

　1989年4月、財政赤字の補填のため消費税が導入されました。

　消費税は、事業者が事業として行う資産の譲渡や貸付、サービスの提供等を対象として課税します。また各取引の段階で課税される税が累積するのを防ぐために、売上に係る税額から仕入等に係る税額を控除するという仕組み（前段階税額控除方式）をとっています。ここで仕入等とは商品や原材料などの仕入れだけでなく、機械等の購入や賃借、事務用品や運送等のサービス等々の購入なども含みます。消費税の納税義務者は消費者ではなく事業者です。このような仕組みは現在、150を超える国々で実施されている付加価値税と共通です。

仕入税額控除の方法—帳簿方式とインボイス方式

　帳簿方式は現在の消費税が採用している方式で、事業者が納付すべき税額を、帳簿に基づいて算出します。帳簿には①取引の年月日、②取引内容、③対価の額、④売上先の氏名又は名称、の記載が求められます。この帳簿及び請求書等については保存が義務付けられており、これらを保存していないと仕入税額控除は認められません。

　インボイス方式はインボイス（「送り状」）の発行を義務付け、これを備えないときは仕入税額控除を認めないというものです。インボイスには事業者番号、財貨・サービスごとの税抜対価、適用税率・税額等が明記されており、事業者番号の記載がなく税額の記載が任意である日本の請求書等とはこの点が異なります。各国の付加価値税で採用されており、日本でも2023年から「適格請求書等保存方式」と名付けたインボイス方式を導入することにしています。

　適格請求書等には事業者ごとの登録番号の記載が義務付けられます。この番号を持てるのは課税事業者だけです。日本では売上げが1,000

万円以下の事業者は納税義務を免除されています（免税事業者）が、このような免税事業者は登録番号を持てず、適格請求書等を発行できません。したがって取引の相手先は仕入税額控除ができません。そのため免税事業者は取引してもらえなくなるか、もしくは値下げを強いられることになります。このような事態を避けるためには、免税事業者はたとえ売り上げが少なくとも課税事業者になるしかありません。

仕入税額控除の否認という日本的方式

税務調査の進め方について異論を唱える事業者に対して、仮に帳簿等を保存していても仕入税額控除を認めないという処分が行われています。税務署は税務調査に際して、帳簿等を提示しないのは「保存がないものとみなす」と主張します。訴訟等で保存していたことを証明すれば控除を認めるべきとする地裁判決もありますが、最高裁判決はこのような仕入税額控除の否認処分を認めています。

不課税取引と非課税取引

事業者が「事業」として行う資産の譲渡等の対価に当たらないもの、例えば、給与や賃金は不課税取引とされ、仕入税額控除の対象外です。他方、派遣会社を通じて支払う賃金（外注費）は仕入税額控除の対象となり消費税負担の軽減となります。消費税が派遣等の非正規雇用を促進する効果をもっており、雇用破壊の一因とされるゆえんです。

また、消費とは言えないものや社会政策的配慮から、消費税を課税しない取引があります（非課税取引）。前者は土地や有価証券、商品券の譲渡などで、後者は社会保険医療の給付、介護や社会福祉サービスの提供、学校の授業料等です。非課税売上に対応する仕入等には消費税が上乗せされていますが、仕入税額控除はできません。したがって、値上げしなければ経営が圧迫されます。たとえば、社会保険医療では、薬や設備などに含まれる消費税を仕入控除できないため、保険収入の平均2.3％～4％が医療機関の負担となっているといわれています。

51

消費税率の現状とゆくえ

複数税率の導入とそのゆくえ

政府は 2019 年 10 月から消費税率を 10% に引き上げるとともに食料品等の税率を 8% のまま据え置くとしています。消費税は当初 3% の税率で出発しましたが、税率が引き上げられるにつれて、のちに説明する消費税の負担の逆進性から何らかの対策をとる必要が生じてきたからです。軽減税率によって税の逆進性が解消されるかといえば、解消されないことは実証済みなのですが、国民に税率引き上げを受けいれてもらうため、ヨーロッパ諸国で採用している軽減税率を採用する方向に踏み切ろうとしています。消費税導入以来つづけてきた単一税率の制度を取りやめ、複数税率の制度に変えようようというのです。

外国の事情については、表 3−1（主要国の付加価値税の概要）を見てください。アメリカは連邦レベルで付加価値税を採用していない唯一の国ですので、この表には掲載されていません。ヨーロッパでは EU が共通付加価値税を採用しており、各国は EU が出した 1977 年の指令に基づいて国内に適用しているのです。

多くの国が複数税率を採用していますが、そこには次のような批判があります。①軽減税率の適用による税収の減少を補おうとすると標準税率を引き上げて税収減をカバーする必要が生じるため、標準税率が高くなる、②税制が複雑になり、徴税する側も、納税する側も税務コストが想像以上に膨張する。また、ドイツ連邦財政裁判所のメリンホフ所長は「非課税や軽減税率の区分が非常に難しく、たくさんの裁判がある」、「日本が今、均一税率ならそれを変更することは絶対やめたほうがよい」などと述べています。日本税理士会連合会は複数税率導入に対し、区分経理等により事業者の事務負担が増加すること、逆進性対策として非効率であること等の理由から、単一税率制度の維持を強く主張しています。

いっそうの税率引き上げのおそれ

　消費税率の 10% への引き上げによって、消費税の増税が打ち止めになる保証はまったくありません。すでに経団連は 10% を超える水準への税率引き上げを「有力な選択肢」として議論するよう促す提言をまとめています（「わが国財政の健全化に向けた基本的考え方」2018 年）。経団連は以前から消費税の税率を大幅に引き上げる必要性を強調しており、2012 年には「消費税を 19% まで増税し、法人税は 38% から 25% まで下げる」という提言を行っています。

　経済同友会もまた、「団塊の世代の全てが後期高齢者になる 2025 年度より前に基礎的財政収支（プライマリーバランス）を黒字化するには消費税率が最低 14% 必要で、45 年度まで黒字を維持するには 17% いる」との試算を発表し、消費税 10% 超への議論を呼びかけています。日本の財界はこぞって消費税の税率の大幅な引き上げを主張しており、税率 10% は単なる通過点にすぎないと考えているのです。

社会保障抑制プラス消費税増税が本音

　経済団体だけでなく政府も共通して「持続可能な社会保障」という名目で社会保障費の抑制の必要性を強調しています。消費税の導入の際や税率引上げの際には、きまって「社会保障の充実のため」を謳い文句にするにもかかわらず、実際には社会保障費の抑制と消費税率のヨーロッパ並みの水準への引上げの組み合わせが本音なのです。

　たしかに、標準税率だけを見れば日本の消費税の税率は低いのですが、その税収が国税収入全体に占める割合はけっして低くはありません（27.9%）。イタリア（27.3%）、イギリス（25.8%）を上回ります。消費税は現状でも多くの消費者には重い負担であり、消費税を納税する事業者にとっても重い負担です。8% への増税以降、消費税の滞納発生額は全税目の 6 割以上を占めるようになっています。上記のような大幅な増税論が市民の暮らしや営業の現状を直視しているのか、はなはだ疑問です。

表 3-1　主要国の

区　分	日　本	EC 指令	フランス
施　行	1989 年	1977 年	1968 年
納税義務者	資産の譲渡等を行う事業者及び輸入者	経済活動をいかなる場所であれ独立して行う者及び輸入者	有償により財貨の引渡又はサービスの提供を独立して行う者及び輸入者
非　　課　　税	土地の譲渡・賃貸、住宅の賃貸、金融・保険、医療、教育、福祉等	土地の譲渡（建築用地を除く）・賃貸、中古建物の譲渡、建物の賃貸、金融・保険、医療、教育、郵便、福祉等	土地の譲渡（新築建物の建築用地を除く）・賃貸、中古建物の譲渡、建物の賃貸、金融・保険、医療、教育、郵便等
税率 — 標準税率	8% （地方消費税を含む）	15% 以上	20%
税率 — ゼロ税率	なし	ゼロ税率及び 5% 未満の軽減税率は、否定する考え方を採っている	なし
税率 — 輸出免税	輸出及び輸出類似取引	輸出及び輸出類似取引	輸出及び輸出類似取引
税率 — 軽減税率	なし	食料品、水道水、新聞、雑誌、書籍、医薬品、旅客輸送、宿泊施設の利用、外食サービス、スポーツ観戦、映画等 5% 以上（2 段階まで設定可能）	旅客輸送、肥料、宿泊施設の利用、外食サービス等 　　　　　　　　10% 書籍、食料品、水道水、スポーツ観戦、映画等 5.5% 新聞、雑誌、医薬品等 　　　　　　　　2.1%
税率 — 割増税率	なし	割増税率は否定する考え方を採っている	なし
課　税　期　間	1 年（個人事業者：暦年法人：事業年度）ただし、選択により 3 か月又は 1 か月とすることができる。	1 か月、2 か月、3 か月又は加盟国の任意により定める 1 年以内の期間	1 か月(注1)

（備考）上記は、各国における原則的な取り扱いを記載。
（注 1 ）課税売上高が一定額以下の場合には、1 年の課税期間を選択することができ、付加価値税額が一定額
（注 2 ）課税売上高が一定額以下等の場合には、1 年の課税期間を選択することができる。また、申請等によ
（注 3 ）課税期間は課税売上高に応じて決定される（課税売上高が大きいほど短い課税期間となる）。ただし、
（出所：財務省資料）

3 消費税は財政再建の切り札なの？

付加価値税の概要

(2018 年 1 月現在)

ドイツ	イギリス	スウェーデン
1968 年	1973 年	1969 年
営業又は職業活動を独立して行う者及び輸入者	事業活動として財貨又はサービスの供給を行う者で登録を義務づけられている者及び輸入者	経済活動をいかなる場所であれ独立して行う者及び輸入者
土地の譲渡・賃貸、建物の譲渡・賃貸、金融・保険、医療、教育、郵便等	土地の譲渡（新築建物の建築用地を除く）・賃貸、中古建物の譲渡、建物の賃貸、金融・保険、医療、教育、郵便、福祉等	土地の譲渡・賃貸、中古建物の譲渡、建物の賃貸、金融・保険、医療、教育、福祉等
19%	20%	25%
なし	食料品、水道水（家庭用）、新聞、雑誌、書籍、国内旅客輸送、医薬品、居住用建物の建築（土地を含む）、新築建物の譲渡（土地を含む）、障害者用機器等	医薬品等
輸出及び輸出類似取引	輸出及び輸出類似取引	輸出及び輸出類似取引
食料品、水道水、新聞、雑誌、書籍、旅客輸送、宿泊施設の利用、スポーツ観戦、映画等　　　　　　　7%	家庭用燃料及び電力等　　5%	食料品、宿泊施設の利用、外食サービス等　　　　　　12% 新聞、雑誌、書籍、旅客輸送、スポーツ観戦、映画等　　6%
なし	なし	なし
1 年	3 か月(注2)	1 か月、 3 か月又は 1 年(注3)

以下の場合には、3か月の課税期間を選択することができる。
って1か月の課税期間を選択することができる。
申請によってより短い課税期間を選択することができる。

中小企業泣かせの消費税

　消費税には納税義務者の定めはありますが、担税者の定めはありません。このことが、中小企業泣かせの根拠になっているのです。

国内取引の納税義務者

　まず、「納税義務者」から解説しましょう。国内取引の場合には、消費税の納税義務を負うのは事業者とされています。土地や有価証券の譲渡（売買）などの非課税取引を除いて、事業として対価を得て行う資産の譲渡や貸付、役務の提供について、事業者は消費税の納税義務を負います。

輸入取引の納税義務者

　輸入取引の納税義務者は、その輸入品を保税地域から引き取る者です。したがって、事業者だけでなく給与所得者や家庭の主婦なども輸入品を保税地域から引き取った場合には、納税義務を負うことになります。

担税者とは

　担税者とは、税金を実際に負担する者をいいます。酒税が典型的なのですが、酒税での納税義務者はお酒を作っている業者です。酒造業者は定められた税額を納付しますが、この税額は価格へと転嫁され、最終的には"左党・辛党"といった消費者が負担します。つまり、担税者とは、税を最終的に負担する者をいい、納税義務を負う納税義務者とは必ずしも一致しません。

消費税における担税者

　1,000円の商品を買ったら、8%の消費税を加えて1,080円を店で支

払います。商売人ではない私たちは、日常的に体験している光景です。ところが、中小企業者や零細業者にとってはそうではありません。先ほどの酒税のケースでは、酒造業者が納付した税金は価格に転嫁されると述べました。消費者が支払った「お酒の代金」には、「酒造業者が納付した税金」がすでに含まれているわけで、いわば、代金に消費税が埋め込まれていることになります（裁判所もこの見解を肯定しています。東京地裁平成2年3月26日判決、平成元年（ワ）第5194号損害賠償請求事件）。最終的に税金を負担する消費者は、商品の購入にあたって、消費税込みの価格で日常的な取引を行っていることから、取引ごとに「消費税と本体価格」を区別してはいません。

経済的な力関係が公正取引を歪める

消費税そのものは、商品の取引価格（代金）のなかに埋没していました。商取引では、経済的な力関係が影響します。力の強い者が都合のよいように取引の条件が決められることは、けっして稀なことではありません。"消費税分を負けてくれないのなら他の業者と取引するだけだ"との圧力や、"少しでも安い価格でなければ買ってもらえない"との現実に直面する業者は少なくありません。担税者が定められていないので、こうしたことがまかり通ってしまうのです。

大企業には戻し税という名の「輸出促進補助金」

消費税は、輸出促進税です。というのは、海外に販売（輸出）した商品には消費税をかけることはできません。日本の法律をアメリカや中国で適用させるわけにはいかないからです（国家の主権）。そこで、輸出業者には、海外の業者や消費者との間で交わした商品の販売価格にかかわりなく、仕入れにかかった税額の還付（戻し税）が認められています。現に、トヨタ、日産などは2015年度に各々3,633億円、1,546億円、製造業12社では1兆円を超える還付があったと推計されています（「全国商工新聞」2016年10月10日付、湖東京至氏推計）。

57

消費税は逆進的で不公平な税金

　政府の租税政策は、"所得税であれ消費税であれ、すべての納税者にとって公平な税金は存在しない"から出発しています。税金のさまざまな組み合わせで、社会全体での公平な税制の実現を図ろうとしています。しかし、消費税の不公平感は高まるばかりです。

消費税の逆進性

　図3-1は、所得階層別の消費税負担額が収入に占める割合の推移を示したグラフです（日本生協連「2017年『消費税しらべ』報告」）。

　この図が示していることは、年収400万円未満の消費税負担率（年収に占める消費税負担額の割合）と年収1,000万円以上の負担率とを比較すれば、2005年では100（400万円未満）対59.5が、2013年の100対55.2を経て、2017年には100対49.0へと格差が広がったことです。低所得世帯ほど消費税負担率が高いという「逆進性」の現実です。つまり、400万円未満層の消費税負担を100とすれば、1,000万円以上層は55.2や49.0と半分程度の負担で済んでいるという事実です。

図3—1　所得階層別の消費税負担額が収入に占める割合の推移（調査世帯全体）

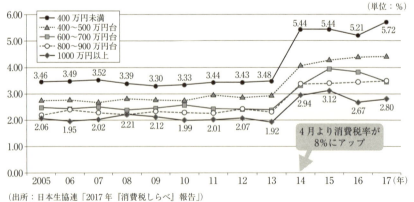

（出所：日本生協連「2017年『消費税しらべ』報告」）

3　消費税は財政再建の切り札なの？

　もう一つ指摘しておきたいのは、2014年に税率が5％から8％に引き上げられた結果、負担率そのものが上昇するとともに、「逆進性」が100（3.48％）対55.2（1.92％）から、54.0（2014年）そして49.0（2017年）へと拡大していることです。今年10月には10％への引き上げが目論まれていますが、実施されれば逆進性はますますひどくなることが、経験からも明らかになっています。

逆進性対策にはどのようなものが

　慶応大学の土居丈朗教授は「消費税は生涯所得にたいして比例的な税であるため逆進的だというのは間違いだ」と主張しています（土居ほか『日本の税をどう見直すか』日本経済新聞出版社、2010年、54-155ページ）。また、東京大学の宮島洋名誉教授は、「贈与や遺産の存在の恒常性を考えれば、短期・長期にせよ消費税は逆進的である」と主張されます（宮島ほか『消費課税の理論と課題　二訂版』税務経理協会、2003年、11-12ページ）。

　このように消費税については根本的なところで意見の違いがありますが、年間消費税負担額に焦点を合わせた逆進性対策は、①非課税措置や軽減税率の適用、②控除制度を活用した所得税との負担調整、③消費税を財源とした社会保障対策、④所得税や法人税の公平化をはじめとする富裕税の創設など、より全面的な財源調達と社会保障対策とのバランスを図ることなどが考えられます。

政府の消費税増税対策は中小企業に負担をもたらす

　政府がまとめた増税対策には、商品券やポイントのほか、省エネや耐震性の高い住宅購入者支援、マイナンバー制度の個人カード保有者へのポイントなど、多岐にわたっています。逆進性の解決につながらない軽減税率の導入がこれらの支援策に加われば、中小企業・中小業者の事務負担ははかり知れないものとなります。弱者に負担をしわ寄せしては、本末転倒といわざるを得ないでしょう。

税制改革には消費税率アップしかないの？

憲法25条は国民の生存権をうたうと同時に、「国は、すべての生活部面について、社会福祉、社会保障及び公衆衛生の向上及び増進に努めなければならない」としています。このことを実現するには、社会全体の改革の実行だけでなく、増税も避けることができないでしょう。「課税の公平」の観点からはどのような増税策をとるべきなのでしょうか。

消費税引き上げの理由

財務省が理由としているのは、①世代間の公平性を確保するため、②消費税の安定性の2点です。財務省は次のように理由を述べています。「今後、少子高齢化により、現役世代が急なスピードで減っていく一方で、高齢者は増えていきます。……社会保障財源のために所得税や法人税の引上げを行えば、一層現役世代に負担が集中することとなります。特定の者に負担が集中せず、高齢者を含めて国民全体で広く負担する消費税が、高齢化社会における社会保障の財源にふさわしいと考えられます。」

また「所得税や法人税の税収は不景気のときに減少していますが、消費税は毎年10兆円程度の税収が続いており、税収が経済動向に左右されにくく安定した税と言えます。」

消費税増税は消費不況を招きかねない

いまの内閣は「消費税率を2019年10月に10％へ引き上げる」としています。2020年の東京オリンピック開催に向けて、競技施設やホテル、マンションの建設ラッシュが東京の街をおおっています。また、訪日外国人旅行者の大幅な増加も継続中です。しかし、東京オリンピック後には景気が低迷するのではないかとの懸念が高まっています。実際、1964年大会の後には、山陽特殊鋼の経営破綻や日銀特融に

3　消費税は財政再建の切り札なの？

よる山一証券救済など「昭和40年不況」に日本経済は陥りました。当時と比べれば、日本経済の産業構造もかなり異なっているので、今回も前回と同様の事態が起こるとは言えません。しかし、それでもオリンピック後への心理的な不安には根強いものがあります。

米中関係の悪化が経済不況を

問題は今回の「10% への引き上げ」と建設需要をはじめとする国内消費の減少が「共振」してしまう可能性が否定できないことです。これには、米中間の経済対立に解決の兆しがみえない―トランプ政権は中国のハイテク製造業振興政策である「中国製造2025」への警戒心を高めている―ことや、仮に中国の思惑通りに事態が進めば過剰生産による「半導体不況」を招来し、世界経済が不振に陥ってしまうなど、国際的な経済事情の変化が日本経済にマイナスの影響を及ぼしてしまいます。このように世界経済の先行き不透明感が日本経済に影響を及ぼすようになっています。

税制改革の選択肢はほかにある

1989年の消費税導入以来、日本の税制は消費課税化の傾向を強めてきました。その結果、税収の構成比でみると、1990年に全体の68.2%を占めていた所得課税は2018年には53.0% まで低下し、逆に消費課税は18.2% から32.9% に上昇しています。

社会全体が、税制改革といえば消費税増税しか選択肢がないかのような状態に陥っていますが、これは間違っています。所得・資産格差の拡大や経済の金融化、地球温暖化による自然災害の多発などをふまえれば、税制改革の方向は消費税増税ではないことは明らかです。あとで提起する「提言」にもあるように、所得税や法人税の改革、富裕税や金融取引税、タックス・ヘイブンに対する規制や課税の強化、さらには「地球温暖化対策税（2012年から段階的に施行）」の抜本的強化など、検討すべき選択肢はほかに数多くあるのです。

61

4 資産にたいする税金はどうすればいいの？
相続税・贈与税の仕組み

相続税は格差是正の手段
　人が相続や遺贈により財産を取得した場合に、相続税が課されます。相続税は被相続人の遺産に対して課税される税ですから、所得税の補完税の性格をもちます。同時に、財産相続は貧富の格差を拡大する恐れがありますから、富の集中を排除する点で富の再分配の機能も担っています。

基礎控除
　相続税には基礎控除があります。基礎控除額は「3,000万円＋600万円×法定相続人の人数（相続を放棄した人も含めます）」で計算されます。遺産の総額が基礎控除額以下であれば、相続税は課税されません。なお、法定相続人とは民法で定められた相続人をいい、亡くなった人の親族だけでなく、遺産を受け取った人にも相続税は課せられます。

相続税の計算手続
　相続税の仕組みは図4－1のとおりです。遺産総額から基礎控除などを差し引いた課税遺産総額を法定相続分により按分してそれぞれの税額を計算し、その合計税額を実際の相続割合に応じて按分し、各人の税額から配偶者控除などの税額控除を差し引くことにより、相続人各人の税額が決定されます。

相続税をめぐる論点
　相続税をめぐっては、①現行の遺産税方式と遺産取得税方式の折衷方式から遺産取得税方式に純化するかどうか、②引き下げられた最高税率の引き上げを含め、税率構造を見直すべきかどうか、③税負担が最富裕層よりも中間層にシフトさせる方向が強まっているが、はたし

4 資産にたいする税金はどうすればいいの？

図4-1 相続税の仕組み

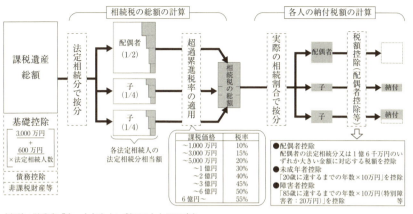

(出所：財務省「もっと知りたい税のこと」2018年)

て公平なのかどうか、④相続税を廃止ないし軽減する世界的流れをどう評価するか、⑤地価高騰地域などでの相続における居住用資産への保障をどうするか、など多くの課題が残されています。資産課税全体のあり方を検討するなかで結論を出していく必要があります。

贈与税の仕組み

贈与税は個人が贈与により年間110万円超の現金・不動産などの財産を取得した場合に課税されます。贈与税がなければ生前贈与によって相続税を回避できるのを防ぐという意味で、相続税の補完税です。

贈与税の問題点

贈与税は、一定の要件がありますが、通常の「暦年課税」ではなく「相続時選択課税制度」を選択することができます。後者が有利になるケースがあり、富裕層には便利な制度でしょう。このほか、教育資金、結婚・子育て資金の一括贈与や住宅取得等資金の贈与には非課税措置があります。廃止の期限が定められていますが、格差の是正には逆行する措置です。

富裕な個人に対する新しい資産課税の提案

国内外で拡大する所得・資産格差

あるコンサルタント会社の調査によれば、100万ドル（1.1億円）を超える投資可能資産をもつ個人の資産総額が、日本では2010年の4.1兆ドルから2017年には7.7兆ドルへと187％も増加したそうです（Bloomberg、2018年11月28日付）。7.7兆ドルを日本円に換算すると（1ドル＝110円）、800兆円を超える規模です。2017年9月末の個人金融資産残高は、約1,845兆円。そのうちの半分が、ごく一握りの富裕層の手にあることが推測されます。

また、国際NGO「オックスファム」が2019年1月に発表したデータによると、10億ドル（約1,100億円）以上の個人資産をもつ「億万長者」は、リーマン・ショック（2008年）で1,125人から793人に減少したあと、2018年には2,208人へと3倍近くまで増加しました。資産の総額でみても、5兆1,200億ドルあった資産が、リーマン・ショックで2兆8,330億ドルまで減少したあと、2018年には9兆600億ドル（約997兆円）にまで膨れ上がっています。彼らの資産は、この10年間で6兆2,270万ドルも増加して、3倍になりました。

対照的に、日本の民間産業の時間当たり賃金（一次金・時間外手当を含む）を消費者物価指数で調整した数値をとると、1997年を100としたときの2016年には89.7と、この間に収入を減らしています。勤労者の所得は減少する一方、富裕層の所得・資産は法外な膨張をとげており、国内外で所得・資産格差が著しく拡大しているのです。

富裕税を創設する

「富裕税」は個人が保有する純資産額（＝総資産−総負債）に応じて課税される税金です。所有不動産にはすでに固定資産税が課せられていますが、個人が所有する預貯金や金融資産（株式や国債などの有価証券な

ど）にも課税する点が「富裕税」の特徴です。

かつて1950年のシャウプ勧告税制によって、所得税の最高税率が85％から55％に大幅に引下げられ、それを補完するためにこのとき0.5〜3％の富裕税が創設されました。しかし、その後、「個人財産を把握するのが難しい」との理由で1953年に廃止されました。

所得・資産格差の著しい拡大がすすむ現在、改めて富裕税を導入することが求められます。世界中でベストセラーとなった『21世紀の資本』の著者トマ・ピケティも、グローバル富裕税を提唱しています。国際的に足並みをそろえて富裕税を導入することが理想ですが、まずはそれぞれの国で富裕税の創設に向けて努力すべきでしょう。当面、課税対象を1億円超の純金融資産に限ってもよいでしょう。

解決すべき問題点も

富裕税の創設には、当然、富裕層や金融機関などからの強い反対が予想されます。しかし、経済格差がこれほどまでに拡大し、国民の生活不安が高まる一方、先進国のなかで最大の財政赤字を抱える日本で、富裕層がその負担能力に応じて社会を支えることは、ある意味では当然ではないでしょうか。もちろん、国民の方でもそれなりの負担増は避けられないでしょう。それが国民の福祉の向上につながるのであれば、一般の国民も増税に理解を示すのではないでしょうか。

折しも2015年の税制改正により「財産債務調書制度」が設けられました（2017年分73,427件）。このほかにも、国外財産調書、国外送金等調書や国際的な共通報告基準に基づく自動的な課税情報の自動交換制度なども整備されてきています。ただ、こうした制度によっても十分な把握はなおできていないのが現状です。こうした制度をいっそう整備し厳格にするとともに、運用するスタッフ等も充実して、富裕層の資産状況について把握する体制を整備していくことが、富裕税の執行には不可欠の要件になります。富裕税の創設に向け、世論の理解を深める努力が必要とされています。

内部留保課税の提案

大企業の経済行動

　2000年代に入ってからの10数年間で、大企業は人件費の削減と減税で生み出された利益（儲け）を配当に回しました。日本経済のグローバル化にともなって、経済の先行きが見通せなくなり、設備投資を抑制したことが、この経済行動に拍車をかけました。

増大する内部留保

　大企業のこうした財務政策は、利益の社内蓄積を進めただけでなく、大企業による株式の相互保有を通じた配当所得も著しく増加させました。財務省の法人企業統計調査によれば、金融機関を除いた全産業の内部留保額（利益剰余金の金額でいわば「公表された内部留保額」にあたります）は、2017年度末で446兆4,844億円となりました。この金額は、第二次安倍政権が発足前の2011年度末と比較すれば、約60%も増加しています。

低下する労働分配率

　このように企業活動が生み出した付加価値のうち企業の内部に蓄積される部分は著しく増加しましたが、反対に、人件費として分配した割合を示す「労働分配率」は、2011年度の72.6%から2017年度は66.2%と、一貫して低下し続けました。内部留保が積み上がってきた背景には、政府や企業の「賃上げ抑制」策があったことは否定できない事実です。

内部留保課税とは

　内部留保には、企業の利益の累積分を表わす利益剰余金という狭義の内部留保だけでなく、企業会計における引当金・準備金や減価償却

費など「隠された実質利益の蓄積分」が存在するほか、法人企業統計では考慮されない資本剰余金や自己株式などもあり、これらを含めた分は広義の内部留保と考えることができます。大企業内部に留保されている巨額の蓄積は、社会的にはきわめて非効率です。内部留保の一部を賃金引き上げの形で勤労世帯に還元するか、それとも内部留保課税を通じて社会に還元し、経済の活性化にむけて活用することは、むしろ望ましいのではないでしょうか。

内部留保課税への批判

　内部留保を賃金に還元することに対しては「合理的な経営判断ではない」との批判が寄せられることがあります。少子高齢化で国内市場が縮小し、海外を含む企業収益への国内従業員が果たす役割が低下していくなか、固定費となる賃金の引上げには消極的にならざるをえないという見解です。さらに、機動的な企業経営者の判断を拘束するのは、経済活動の効率性という面からもデメリットとなるとの見解です。このほか、「法人税等を支払った後に残った利益」の「蓄積分」が利益剰余金なのだから、利益剰余金への課税は「二重課税」だとする批判もあります。

内部留保課税は社会的要請

　縮小する国内市場を活性化するには、賃上げを通じた個人消費の拡大が不可欠です。企業経営者が国内の市場に画期的な商品や製品を投入しても、それを十分に買い上げるだけの「力」となる個人消費の拡大がなければ、イノベーションは成立しません。また、賃上げが個人消費の拡大につながるには、労働者の「将来不安」を緩和するよう、社会保障のさらなる充実も必要となるでしょう。企業が内部留保の一部を賃金引き上げの形で勤労世帯に回すか、それとも税制を通じて社会に還元し、経済の活性化に向けて活用することが、いま社会として緊急に求められています。

金融取引への課税

トービン税への注目

2008年のリーマン・ショック（世界金融恐慌）は、金融資本主義を野放しにする危険性をあらわにし、金融投機を抑制する必要性を国際社会に痛感させました。こうして、外国為替取引に取引税を課すことで、投機的な取引を抑制し、市場の安定化を図るとともに各国の経済政策の自律性をとり戻すとの構想が、改めて注目を集めるようになりました。この構想は、ノーベル経済学賞受賞者であるアメリカのトービンが1972年に初めて提起したことにちなんで、トービン税と呼ばれます。為替市場で投機が社会問題化するたびに、この構想の是非がとり上げられてきましたが、実際に導入することには各国政府とも及び腰でした。しかし、リーマン・ショックの衝撃を契機に、ようやく実施に向けた取組みが進み始めました。

金融取引への課税提案

2011年、EU欧州委員会は、金融取引の一方の当事者がEU域内に立地している場合、金融機関相互の金融取引に対して、株式・債券には0.01%、デリバティブ取引には想定元本に0.001%の税率で課税するとの提案を行いました。

その理由として、①金融機関に対する公的支援で悪化した各国の財政危機に対して、金融機関に公正な貢献を求めること、②EUレベルの協調した課税の枠組みを構築し、リスキーな取引を抑制し、単一市場を強化し、将来の危機を回避することを上げています。なお、予想された税収規模は570億ユーロ（約7兆1,500億円）でした。

EUで実現した金融取引税

加盟27ヵ国を対象にした提案は、イギリスなどの反対で頓挫しま

す。2013 年には賛成国だけで導入を目指す方向に転換され、2014 年に
ドイツ、フランスを含む 11 ヵ国によって、金融取引税を実施しようと
いう合意がなされます。その後はドイツとフランスとの間で作業が進
められ、2019 年に入ってからは、フランスで実施されている株式取引
税をベースに、「時価総額が 10 億ユーロ（約 1,250 億円）を超える企業
の株式取引に 0.2% の税率で課税」し、得られた税収を参加する 10 ヵ
国（2013 年に金融取引税の実施が合意された当初は 11 ヵ国）にも分配し、小
規模国も利益を得るようにするとの提案が行われています。

独仏提案の趣旨

　今回の提案では、取引額が最も多いのでより多くの税収が見込まれ
るデリバティブ取引は課税対象になっていません。まずは実施するこ
とを優先して、税率の低い株式取引税から取り組んでいくとの方針の
ようです。実現すれば、金融投機の規制への大きな一歩になります。

金融取引税の問題点

　参加国が限られている場合、為替決済取引を第三国へ移転させてし
まえば、そこにも徴税の網をかぶせなければ、課税逃れが容易にでき
てしまいます。実効性を高めるには、大多数の国が一斉に課税に乗り
出さなければなりません。

小型の金融取引税でも実施の意義は大きい

　たとえ税収は少なくとも、各国が課税主権の壁を超えて、国際的な
課税協力の取組みが成功すれば、金融取引から得られる税収の一部を
各国がシェアすることも可能になります。EU は 2018 年末の首脳会議
でユーロ圏の共通予算創設で合意しているので、金融取引税の実施は、
共通予算創設のあしがかりとなるでしょう。金融取引税の実現は、グ
ローバル時代の国際的課税協調にとって、大きな意義をもつことが期
待されます。

5 地方税を知っていますか？
地方自治を支える地方税

地方自治の大切さ

　日本国憲法（1947年）は11の章から構成されていますが、その第8章は地方自治について規定しています。明治憲法（1890年）には地方自治に関する規定はありませんでした。日本国憲法は恒久平和、国民主権、基本的人権、議会制民主主義、地方自治の5つの原則から成り立っています。憲法でなぜ地方自治が掲げられたのかといえば、国民ないし住民が生産と生活を営むためには上下水道や電気・ガスのようなインフラ施設から保育、教育、福祉、医療、交通、通信手段など多様な施設とサービスを必要としていますが、こうした住民生活に不可欠の「共同社会的条件」を整備し、提供するのは第一義的に地方自治体だからです。それは、私たちがそれぞれの地域で「健康で文化的な生活」を営むうえで不可欠な社会的な業務なのです。もちろん国もこうした施設やサービスの整備に責任を持っていますが、国と地方のしごとには根本的な違いがあります。国のしごとは、地方が自主性・自立性を十分に発揮できるよう努めながら、行政基準の企画や設定、地方に対する指導・監督・許認可を行うのが中心です。地方自治はまた、住民が主体となって政治や行政に参加し、政策判断や政策提言を行うことのできる場であり、その意味で民主主義の学校なのです。

　なお、地方自治体には基礎的自治体である市町村だけでなく、都道府県が存在しますが、社会的業務の分担については市町村が優先的に公的事務の処理を行い、都道府県は市町村が効果的に処理できない事務を補完的に担当し、地方自治体では効果的に処理できない全国民的な事務については国が担当するのが原則です。その意味で、基礎的自治体である市町村がその住民に対して十分な公的施設や公的サービスを提供できるよう、都道府県や国は努めなければならないのです。日本国憲法は、まさしく基礎的自治体優先原則に立脚する地方自治を宣

5　地方税を知っていますか？

言したものといってよいのです。地方自治がどこまで充実しているか
は、私たちの生活水準の程度と質を示すバロメーターなのです。

地方自治を支える地方税

　地方自治体が共同社会的条件であるインフラ施設や公的サービスを
整備し、充実させていくためには、いうまでもなくそのための財源が
必要です。表5-1は市町村と都道府県の歳入について、2000～2016年
度の平均の構成比をみたものです。もちろん、これ以外にも財産収入
や使用料・手数料、繰入金や諸収入など、さまざまな財源があります
が、主要な財源はこの4つです。地方自治体の財源は、自主財源と依
存財源、あるいは一般財源と特定財源というように分類されます。自
主財源とは、地方が自ら自主的に徴収できる財源で、地方税がその代
表格です。依存財源は、国や都道府県から配分される財源で地方交付
税、国庫支出金、都道府県支出金、地方債などです。他方、一般財源
とは使途があらかじめ決まっておらず、地方が自由に使える財源です。
地方税や地方交付税がこれにあたります。これに対して、特定財源と
は使途があらかじめ決まっている財源で、国庫支出金（以下、補助金と
略）や使用料・手数料、地方債などです。

　地方が自主的に徴収し、自由に使えるのは地方税です。地方税こそ
は地方自治を支える基本財源なのです。ところが、地方自治体の歳入
全体に占める地方税の割合は35％程度にすぎず、それ以外は国などか
らの依存財源に大きく頼らざるをえないのが実情です。そのため、地
方自治は「3割自治」とも評されます。地方がその業務の遂行に必要
な財源を自前では十分に調達できず、依存財源に大きく依存せざるを
えないことから、地方は国の政策動向に強く影響されざるをえません。
地域住民のニーズに対
応した自主的な行政を
進めるためには、地方
税の拡充が必要です。

表5-1　市町村と都道府県の歳入
（単位：％）

	地方税	地方交付税	国庫支出金	地方債
市 町 村	34.5	15.5	12.4	9.6
都道府県	34.6	13.5	14.0	12.9

71

市町村の税とは？

基礎的自治体としての市町村

　地方自治法は、市町村を「基礎的な」自治体と規定しています。それは、市町村が住民に最も身近な行政サービスの提供に責任を持つ自治体であるためです。市町村は、住民が地域のさまざまな問題を解決していく際に直接働きかけ、政策判断をし、政策提起をすることのできる存在です。市町村もまた住民自治に支えられてこそ地域力を発揮し、住民福祉を向上させることが可能です。市町村がどこまで住民とともに地域の民主主義を支え、住民福祉を発展させることができるか、そこに基礎的自治体としての市町村の意義と役割が問われています。

市町村税の構造

　市町村がその業務を遂行するためには財源が必要ですが、市町村の歳入のうちでもっとも重要なのが、市町村の税です。税金と聞くと、一般には国の税金を思い浮かべることが多いと思われますが、市町村も独自の課税権をもち、いろいろな税を課しています。表5-2は、市町村の主要な税の構成割合と年間税収額について、2000〜2016年度の平均値を示しています。市町村の税は、市町村民税と固定資産税で税収のほぼ9割近くになり、この両税が歳入の中心となっていることがわかります。

表5-2　市町村の主な税の割合

（単位：%）

市町村民税	43.5
個　人　分	32.4
法　人　分	11.1
固定資産税	43.5
市町村たばこ税	4.3
都市計画税	6.1
そ　の　他	2.6
合　計（億円）	203,612

市町村民税

　市町村民税が登場するのは1940年ですが、現行の市町村民税は1950年のシャウプ地方税制で成立しました。シャウプ税制とは、戦後、占領軍のもとでアメリカから招へいされたシャウプ使節団の勧告に基づいて実行に移された税制を

さしています。この勧告に基づく税制は現在でも民主的で体系的な首尾一貫した税制と評価されています。市町村民税には個人分と法人分があります。当初、個人には均等割と所得割が、法人には均等割だけが課税されましたが、翌51年からは法人税割も課税されるようになりました。市町村民税は、毎年1月1日現在、それぞれの市区町村内に住所を有する個人（均等割・所得割）および事務所・家屋等を有する個人（均等割のみ）、また市町村に事務所または事業所を有する法人（均等割・法人税割）にそれぞれ課税されます。

均等割とは、個人および法人に頭割りで定額の負担を求めるもので、個人の場合には年額3,500円（ただし、2014年度〜2023年度、本則3,000円）、法人については資本金等の額および従業員数が50人超か50人以下かに応じて年額5万円から300万円の範囲で課税されます。

他方、所得割はその年度ではなく前年度の所得（収入から経費を差し引いた金額）から人的控除などを差し引いた金額が課税対象となります。税率は、以前は3段階の緩い累進税率でしたが、三位一体の改革の結果、2007年度からは一律6%とされました。

また、法人税割は国税の法人税額を課税標準として課税されます。税率は標準税率が9.7%、上限となる制限税率は12.1%です。

固定資産税

固定資産税は、土地、家屋および償却資産についてその所有者に課税されます。明治以来の地租、家屋税に新しく償却資産を加えてシャウプ税制により創設されました。市町村優先主義に基づき国税の付け足し的な付加税ではなく独立税を創設するとのシャウプ勧告の考え方にもとづくものです。適正な時価を課税標準として、1.4%の税率で課税されます。土地と家屋は3年ごとに評価替えが行われます。ただし、適正な時価にそのまま課税した場合には、地価の高いわが国では法外な税額になるので、きわめて複雑な負担調整措置がとられており、そのため固定資産税は大変複雑な税制になっています。

府県の税とは？

府県の位置と役割は？

　市町村が基礎的自治体であるのに対して、都道府県は市町村を包括する「広域自治体」です。その役割は、市町村の区域を超える事務などを行う広域機能、市町村が処理することが困難ないし非効率な事務などを補完する機能、市町村間、また市町村と府県・国の間での連絡調整の機能を果たすことにあるとされます。戦前の官選知事時代の府県と異なり、第二次大戦後は公選知事制の導入などにより完全自治体になりました。ただし、戦後も機関委任事務制度が存続し、公選首長に対し「国の機関」として国の事務を処理させてきました。この制度は 2000 年施行の地方分権一括法によりようやく廃止され、法定受託事務に変更されましたが、依然として国の関与が強く働いているのが実態です。都道府県が市町村とともに国の政治や行政をどこまで制御、改革する立場に立つかどうか、地方自治のあり方が試されています。

都道府県税の構造

　表 5-3 は都道府県の税収構成を示しています。主な税は道府県民税、法人事業税、地方消費税、自動車税などです。なお、府県レベルの住民税が都道府県民税ではなく道府県民税と表記されているのは、「都」の税制が他の道府県の税制とは異なっているためです。都は特別区に関して道府県税以外に本来は市町村の税である市町村民税法人分、固定資産税などいくつかの税目を都税として課税しているのです。

道府県民税

　道府県民税が創設されたのは 1946 年度ですが、その後、市町村優先主義を掲げるシャウプ税制のもとで廃止されました。ところが、1954年度に市町村民税の一部を委譲することにより道府県民税が復活しま

した。その背景には、戦後の地方自治制度の民主化にたいする逆コースが強まり、府県の地位を高めて国の出先機関的な性格を強めようとする動きがありました。道府県民税にも個人分、法人分にそれぞれ均等割と所得割ないし法人税割があります。個人の均等割は年額1,500円（本則1,000円）、所得割は前年の所得金額に一律4%で課税されます。法人の均等割は資本金等の額に応じて2万円から80万円の範囲で課税されます。また、法人税割は法人税額を課税標準として、標準税率3.2%、制限税率4.2%の範囲内で課税されます。

表5-3 都道府県税の割合

（単位：%）

道府県民税	32.3
個 人 分	24.7
法 人 分	5.6
利 子 割	1.9
事 業 税	24.9
個 人 分	1.3
法 人 分	23.6
地方消費税	18.2
自 動 車 税	10.8
軽油引取税	6.6
そ の 他	7.3
合計(億円)	155,562

事業税

事業税の歴史は古く、1878（明治11）年に創設された府県の営業税が前身です。その後、国税とされるなどの曲折がありましたが、1954年に現行の事業税が創設されました。

事業税はほとんどが法人の行う事業が対象です。課税標準は、電気供給業、ガス供給業、保険業の場合には収入金額、その他の事業の場合は所得ですが、資本金1億円超の普通法人の場合には2004年度から外形標準課税が導入され、所得のほか付加価値額および資本金等の額も課税標準に組み込まれました。

地方消費税

地方消費税は消費税率が3%から5%に引き上げられた1997年度に導入されました。1989年度に消費税が導入された際、地方の間接税が消費税に吸収されたため、地方は消費税の一部を地方消費税とするよう求めていました。課税標準を消費税額とし、税率63分の17（消費税率換算1.7%）を乗じて算出します。国が消費税と合わせて課税し、都道府県間で清算して、府県の税収の半分を市町村に交付します。

75

地方分権と地方税財政のしくみ
地方分権改革で地方自治は前進した？

日本の地方自治の特徴

　日本で地方自治制度が創設されたのは、明治時代の市制町村制（1888年）、府県制郡制（1890年）の公布によってでした。この明治地方自治制は、当初から官主導で集権的な性格の強いものでした。府県知事は政府が任命し、内務大臣の指揮監督を受ける一方、府県知事が「郡長」を選びました。議会は制限選挙制で、選挙権は地租ないし直接国税を納める者に限定されていました。

　第二次大戦後の民主主義改革は、新しい憲法体制のもとで明治以来の中央集権的な地方自治制度を打破して、民主的な地方自治制度を実現するものと期待されました。しかし、占領政策の安定と転換のために、軍隊と国家警察、内務省の解体以外、中央集権的官僚機構が温存されたため、国から地方にいたる「草の根保守主義」の体制も維持されました。こうして、戦後も長期にわたって地方自治は中央政府の強い関与と統制のもとに置かれることとなりました。

地方分権改革は地方自治を前進させた？

　1993年6月、国会は全会一致で「地方分権の推進に関する決議」をあげました。決議では、東京一極集中と中央集権的行政のもたらす弊害があまりにも大きくなり、そのためにゆとりと豊かさを実感できる社会が実現していないと指摘されていました。分権の流れは日本だけにとどまらず、世界的な潮流でした。分権社会の実現にむけて、95年には「地方分権推進法」が制定され、地方分権推進委員会のもとで5次にわたり答申が行われました。これを受け、政府は分権計画を閣議決定し、99年には地方分権一括法が制定され、2000年度から施行されました。

　この法改正ははたして地方自治を前進させたと評価できるのでしょ

うか。第1に、改正の最大の成果とされているのは**機関委任事務の廃止**ですが、法定受託事務という別の形で国の地方の事務に対する関与が残りました。一般に都道府県の事務の60〜70％、市町村の事務の20〜30％が機関委任事務とされていましたので、とくに都道府県は自治体でありながら事実上、国の出先機関の地位におとしめられていたのです。地方分権推進委員会の報告では、機関委任事務の80％が自治事務（地方が自主的に処理できる事務）となる予定でしたが、改正では55％程度にとどまりました。この意味で、地方自治体の自己決定の権限が強められ、地方自治が強化されたと評価することはできません。

　第2に、地方の財政自主権の強化については見るべき成果はほとんどなく、三位一体改革に先送りされました。実現したものは、法定外普通税の許可制度の見直し、法定外目的税の新設など、末節的な4項目の改正にすぎませんでした。

　第3に、住民自治権の拡充は検討すらされませんでした。わが国の地方自治制は「直接民主主義の原理に基づく直接請求の権利を住民の基本権として認めている」とされますが、近年、盛り上がりをみせる住民投票は議会の同意を必要とし、最終決定権がありません。多様な住民参加制度の整備なくして、地方自治の発展はありえません。

平成の市町村合併のもたらしたもの

　分権改革と並行して平成の市町村合併が推進され、1999年の3,232市町村から2010年には1,727市町村へと大幅に減少しました。これまで明治、昭和、平成と3次にわたり大合併が行われました。合併の結果、①周辺部の旧市町村の活力喪失、②住民の声が届きにくい、③住民サービスの低下、④旧市町村地域の伝統・文化、歴史的な地名などの喪失などの深刻な問題が生じていることが、総務省の報告書でも紹介されています。合併は地方自治を前進させるよりもむしろ後退させたのです。そもそも自治体が合併に走ったのは、国の地方財源抑制政策によって自治体が地方財政の将来に不安を抱いたためでした。

なぜ地方に財政自主権が必要なの？

国と地方の財政関係

　日本の地方自治制度の特徴は「集権的分散システム」と称されるように、政府部門に占める地方自治体の事務範囲が国際的にみてもきわめて大きいところにあります。地方自治体は、自治体というよりも国の下請け組織的な色彩が強いのです。表5-4は、2016年度における国と地方の事務の配分と税源の配分の状況を示しています。事務の配分は国が約4割に対し地方は6割となっています。この比率は1970年代後半からほぼ変わりなく、それ以前は国3割・地方7割の比率でした。

　これに対して、租税の配分は事務の配分とはまったく逆に国6割・地方4割となっているのです。国際的にみて、分担している事務や業務量の多さは突出して多いのに、それに見合う税源の配分比率はきわめて低いという点で、日本の地方財政の状況は異常といってよいほどです。地方の歳出規模は97兆円余りですが、それをまかなうための税源は39兆円程度にすぎません。これでは、地方自治体は到底、住民に対して必要な公共サービスを提供することはできません。そのため、毎年度、国から地方自治体に対して巨額の財政資金の移転が行われなければならなくなるのです。その手段となっているのが、地方交付税であり、また補助金です。ちなみに、2016年度の地方交付税は16.7兆円、補助金は24.4兆円、合計41.1兆円もの規模に上ります。

表5-4　国と地方の事務と財源

	事務（しごと）配分	税源（お金）配分	財源の移転
国	国の歳出　　71.1兆円 42.20%	国　税　　59.0兆円 60.50%	地方交付税 補助金等
地方	地方の歳出　97.3兆円 57.80%	地　方　税　38.6兆円 39.50%	⬇ 地方へ移転
合計	国・地方の歳出総額 168.4兆円	租税総額　　97.5兆円 100%	

5　地方税を知っていますか？

　地方交付税は一般財源です。「税」という名称がついていますが、税ではなく国から地方に交付される資金です。その前身はシャウプ勧告によって導入された地方財政平衡交付金でした。それはナショナル・ミニマム（国民がどこに住もうと共通して受けられる行政水準）を保障するために、地方財源が不足する場合に国が財源保障するとともに、財政力の異なる地方のあいだの財政調整を行うための制度です。しかし、国は国の財政負担が増えるのを嫌い、1954年度から保障の上限を国税3税（所得税・法人税・酒税）の一定割合に抑えるようになりました。現在、国は国税5税の一定割合に変更するとともに、その配分にあたってさまざまな条件をつけて交付税総額を削減しようとしています。実際、交付税は2000年代に入り減少傾向をたどっています。

　補助金は、使途が特定された資金です。2016年度の総額24.4兆円のうち社会保障に18.4兆円、教育等に2.2兆円、公共事業に2.7兆円が充てられています。

なぜ地方は財政自主権が必要？

　地方自治体の財源構成は、すでにみたように自前の財源である地方税が30%台のため、「3割自治」といわれる状況が続いてきました。次に重要な地方交付税も10%台にすぎません。補助金は、以前は20%台でしたが、近年は補助率の引き下げなどにより10%台に低下しています。地方は補助率の引き下げではなく、補助金そのものを廃止する代わりに地方に税源を移譲するよう要求してきましたが、国は地方行政を統制するために補助金そのものを廃止することは避けたいのです。補助金による事務・事業の実施には、地方にもそれとほぼ同額の財源が必要とされるため、国は補助金によって効率的に地方の事業の方向をしばることができるからです。住民が本当に必要とする行政を地方が自主的に行うためには、補助金ではなく、地方税や地方交付税を充実・強化して財政自主権を確保することが必要不可欠なのです。

79

三位一体改革によって地方税財政はどう変わった？

三位一体改革とは？

　地方分権一括法にいたる分権改革は、地方財政の本格的な改革に手を付けなかったことから、「未完の分権改革」といわれました。全国知事会をはじめ、地方6団体などは補助金の削減と税源の地方移譲という財政の分権を強く要求しました。これに対して、小泉内閣は「官から民へ」「国から地方へ」をスローガンに国の「小さな政府」を実現する構造改革の一環として分権を進める目的で、国の財政再建のためにむしろ地方交付税の総額を減らすことをねらいにしていました。このように、補助金の改革と地方への税源移譲にくわえて地方交付税の改革があわせて進められるようになったことから、この改革は「三位一体改革」と呼ばれるようになりました。本来、「三位一体」ということばは、神・キリスト・精霊の三位が神のとる3つの姿で、本来は一体であるとのキリスト教の教義を表わすことばですが、補助金・税源移譲・交付税の改革が同時に行われることから、「骨太の方針2002」以降、この言葉が使われるようになったのです。

　2018年現在、地方交付税の交付を受けていない自治体は都道府県では東京都のみ、市町村は77団体にすぎません。ほとんどすべての自治体、つまり46の道府県、1,641の市町村が交付税なしでは行政を運営できないのです。農業の衰退と過疎化により地域の経済力が低下した農村部だけでなく、経済的には恵まれているはずの大都市や都市部でさえ交付税を必要とするのは、異常です。その原因は、国税が税源の多くを独占し、地方の課税権が制限されているという税制の欠陥によると同時に、日本の経済システムの歪みと欠陥によって都市問題、農村問題が深刻な状況に陥っていることによるのです。にもかかわらず、地方交付税の充実どころか、逆に削減が行われたことは、結局、分権改革が国の構造改革の手段とされたことを意味しています。

5　地方税を知っていますか？

地方財政ははたして充実した？

　分権一括法までの第1次分権改革では税財政の面での分権改革は先送りされましたので、地方は第2次分権改革で改めてこの課題に取り組むよう要求を強めました。折しも2001年の省庁改革で創設された経済財政諮問会議が政府の経済・財政運営の基本方針を決定する場となったことを受けて、地方財政改革もこの会議で議論されるようになりました。「骨太の方針2002」の決定に基づき、2003年度に国庫補助負担金の削減と税源移譲が行われましたが、その規模はわずかにとどまりました。改革が本格化したのは、「骨太方針2003」において2004～06年度の3年間で4兆円程度をめどに補助金の廃止・縮減を行う、基幹税の充実を基本に税源の移譲を行う、交付税総額を抑制するとの方針が決定された後でした。その後、「骨太の方針2004」で約3兆円の規模での税源移譲をめざすことが決定されたことから、さまざま曲折はありましたが、2004年度から06年度の3年間（ただし、税源移譲については03年度分を含む）における最終的な結果は、表5-5のとおりとなりました。一見して明らかなとおり、地方は3兆円の税源移譲と引き換えに、補助金と交付税の削減により9.8兆円もの財源をうしなう結果となり、地方財政の困窮がいっそう進むことになりました。

地方税制はどうなった？

　改革の過程では、地方側は補助金の廃止に見合って、所得税・消費税から個人住民税・地方消費税への移譲などを要求しましたが、結果は所得税を個人住民税に委譲するだけにとどまりました。具体的には、個人住民税所得割の税率を3段階から10％に一本化し、他方、所得税率を10％～37％の4段階から5％～40％の6段階にするものでした。

　消費税のうち地方消費税に回す比率を高めることはなお今後の課題です。

表5-5　三位一体改革の結果

（単位：兆円）

補助金改革	約▲4.7
税 源 移 譲	約3.0
地方交付税改革	約▲5.1
地方財政への影響	約▲6.8

どう改革する、財源不足に悩む地方自治体

地方自治体に期待される多くの課題

　日本の社会はいま、じつにさまざまな課題に直面しています。具体的にいえば、少子高齢化と人口減少、家族構造の変化と地域社会の変貌、子育て支援や地域福祉に対するニーズの増大、重化学工業化から情報通信・サービス経済化への産業構造の転換、グローバル経済化と地域経済の衰退と空洞化、社会資本ストックの老朽化と維持管理・更新の必要、地球温暖化による気象変動や地震・火山活動の活発化による災害リスクの高まりなどです。

　こうした課題に対応するには国の果たす役割も重要ですが、住民に近い地方自治体の役割が決定的に重要です。保育、教育、地域医療、介護、地域福祉、公共施設やインフラなどの維持・管理・更新、消防、防災、地域経済の振興など、ハードな公的施設からソフトな人的サービスにいたるまで日常的に住民と接するのは地方自治体だからです。災害が多発するいま、地方自治体の役割は以前にまして重要になっています。東日本大震災や西日本での集中豪雨による被害の際に、市町村合併によって支所化した地域では被災者の救援や復旧・復興活動に支障が出たことが報告されているように、自治体の存在は大きいのです。

財源不足に悩む地方自治体

　三位一体の改革によって地方財政の状況はいっそう困窮の度合いを強めました。その状況の一端は、地方自治体の毎年度の財源不足額の状況からもうかがうことができます。表5-6は2000年度以降の状況ですが、毎年度、巨額の

表5-6　地方自治体の財源不足額

(単位：兆円)

内訳＼年度	財源不足額	交付税	臨財債	合　計
2000	13.0	21.4	—	21.4
2005	11.2	16.9	3.2	20.1
2010	18.2	16.9	7.7	24.6
2015	7.8	16.8	4.5	21.3
2018	6.2	16.0	4.0	20.0

財源不足が発生しています。1990年度には不足額は0.8兆円にすぎませんでしたので、この間の地方財政の困窮ぶりがわかります。2010年度はとりわけ大きな規模になっていますが、これはリーマン・ショックによる影響の表れです。近年は財源不足額が減

表5-7　地方公務員数

（単位：人）

年度	職員総数	一般行政部門	教育部門
1994	3,282,492	1,174,514	1,281,001
2017	2,742,596	915,727	1,019,060
削減数	539,896	258,787	261,941

表5-8　公務員数の国際比較

（人口千人あたり）

	日本	イギリス	フランス	アメリカ	ドイツ
国家公務員	12.6人	42.4人	53.1人	9.9人	22.3人
地方公務員	29.6人	35.9人	42.7人	64.0人	47.3人
合　計	42.2人	78.3人	95.8人	73.9人	69.6人

（出所：野村総合研究所「公務員数の国際比較に関する調査」）

少しているように見えますが、これは景気の動向にもよりますが、国が地方に対する財源を絞っていることも一因です。

　財政状況が深刻であるだけでなく、1980年代から続く地方に対する行政改革による人員の削減もまた深刻な状況となっています。表5-7にみられるように、地方公務員の数はこの四半世紀の間にじつに54万人もの減少となっているのです。日本の公務員の数は多すぎるのではないかといわれることがありますが、事実は異なります。内閣が野村総合研究所に委託した調査（表5-8）によれば、日本は人口1000人当たりの公務員数で他の先進諸国と比べて圧倒的に少ないのが実情です（2000年代半ば）。財政面でも人員の面でも、自治体が住民のニーズに応えることは難しいのが現状です。

さらなる税源の移譲と地方交付税の充実を！

　三位一体の改革の後、地方六団体は、2006年度までの第1期改革に続く第2期の改革（07〜09年度）までの全体像として9兆円の補助金見直しと8兆円の税源移譲を提起しましたが、実現をみていません。交付税の充実とあわせた地方財政の改革はなお途上にあるのです。

コラム

ふるさと納税の穴埋めは国庫金

ふるさと納税は納税ではなく寄付です

　ふるさと納税がたいへん盛況ぶりとなっています。ふるさと納税は「納税」と謳っていますが、税制上は納税ではなく寄付として取り扱われ、所得税においては「所得控除（寄附金控除）」、個人住民税においては「税額控除」が適用されます。これを合わせると 2,000 円を除いた寄付額が所得税の場合「所得控除」され、地方税については相当額が税額控除されるため、実質ほとんど負担はないうえに、返礼品を寄付先の自治体から受け取れることから、ふるさと納税を促進する多数のサイトまで現れて、人気を博しているのです。この制度が始まった当初の 2009 年度に控除が適用されたのは 3.3 万人、ふるさと納税額 72.6 億円、住民税控除額 18.9 億円だったものが、2018 年度にはそれぞれ 295.9 万人、3,481.9 億円、2,447.7 億円にまで膨れ上がっています。

　ふるさと納税の返礼品を、ポータルサイトを使って自治体選びするのは結構楽しいし、お礼の品物で得した気分になれますのでネット・ショッピング以上のお得さを味わえますが、ちょっと待ってほしいのです。その商品代はふるさと納税をしていない人を含めて全国民が納めた税金から支払われているのですから。

ふるさと納税のカラクリ

　カラクリはこうです。寄付者が居住地以外の自治体に「ふるさと納税」すると、居住している自治体の税収は当然減少することになります。というのは、「納税」額にほぼ相当する金額が居住地の自治体の地方税額から税額控除されるからです。ところが、減収となった自治体はその減収額の 75% を地方交付税の追加として国から補てんされるのです。つまり、ふるさと納税を利用するしないにかかわら

ず国民の納めた税金が地方税の減収の穴埋めに使われているということになります。ちなみに、地方交付税の計算方法は次の通りです。

普通交付税＝基準財政需要額－基準財政収入額

地方税収入が減収すると計算式の「基準財政収入額」が減額となり地方交付税が増額（減少額の75%）されるのです。

この算式のもとでは奇妙な現象が起きてきます。仮に、寄付者が居住地の自治体に寄付するとその自治体は寄付金収入増となります。しかし、寄付者の居住する自治体の地方税は寄付金相当額だけ収入減となり、合計するとその自治体の歳入は差し引きほぼゼロとなります。ところが、この寄付金は地方交付税交付金の算定の計算上、自治体の財政収入に算入されないため、実質増収であっても地方税収入減として地方交付税の補てん対象となるのです。

ふるさと納税で喜んでいるのは、2,000円で返礼品を手にする寄付者、寄付金を集めながら追加地方交付税を受けている自治体、寄付額の約一割が収入となっているポータルサイト運営会社、そして返礼品納入業者等です。一方で、その穴埋めを（ふるさと納税に参加していない人たちを含め）国庫金に負担を求めていくことは、無駄な税金の支出で国や地方の財政を更に圧迫していくことになります。

残すなら本来の寄付制度へ

ふるさと納税は、自治体間での行き過ぎた返礼品競争も引き起こしています。このあたりでそろそろ原点に戻る必要があるのではないでしょうか。ふるさとに寄付する、ふるさとの地場産業を育てる、ふるさとの自治を活性化する、あるいは災害などで困っている自治体を応援したい、そうした願いをこめて寄付をしたいというのであれば、純粋に寄付税制として再編し、寄付を受けた自治体からの返礼品は一切なくす必要があるのではないでしょうか。もっとも大事なことは自分の住んでいる地方自治体の財政事情を知ることではないでしょうか。

6 国外に逃げる税金はどうすればいい？

国外に逃げる富裕層への税金
グローバル経済の時代が生み出したIT長者・金融長者

グローバル経済の時代とは

　現代はグローバル経済の時代といわれます。この時代、80年代末から90年代にかけて東西冷戦が終わり、東側世界の多くの国が世界経済に組み込まれるようになると、世界的な規模で経済競争が激しくなりました。中国やインドなどの低賃金国の急速な経済発展は、先進国との賃金格差や人口の多さからくる市場としての魅力によって先進国からの企業進出を促進し、先進国での経済の空洞化や衰退をもたらしています。

　同じ時期に進み始めた金融の自由化や国際化といわれる事態やインターネットなどの情報通信技術の飛躍的発展は、経済のグローバル化を一気に加速させる結果をもたらしました。金融の自由化とは、金融に対する規制を緩和ないし撤廃していくことです。具体的には、金利に対する規制を撤廃する、銀行・証券会社・保険会社など金融機関の業務分野規制をはずし、相互乗り入れを認める、資本の移動に対する規制を撤廃し、国際的な資本移動の自由化を行うというものです。

国内でも世界でも、想像を絶する所得・資産格差

　経済のグローバル化がもたらす影響については、楽観的支持派と批判派の二つの考え方があります。前者は、高度に統合されたグローバル経済は、富める者にも貧しい者にも等しく恩恵をもたらすと主張します。他方、批判派は、国際、国内の両面での所得・資産格差の拡大、成熟国等での慢性的な高失業率の定着、規制のない資本移動によるバブル経済の膨張と破綻などの壊滅的帰結がもたらされると警告します。

　いったいどちらが正しいのでしょうか。世界経済の現実は、どうみても批判派の主張に軍配があがるようです。グローバル経済はIT（情報通信産業）長者や金融長者を生み出す一方、世界中でバブル経済の兆

6 国外に逃げる税金はどうすればいい？

表6-1 階層別純金融資産保有額

	資産規模	世帯数	純金融資産	世帯当たり
超 富 裕 層	5億円以上	8万4千	84兆円	10億円
富 裕 層	1〜5億円	118万3千	215兆円	1億8,174万円
準 富 裕 層	5千万〜1億円	322万2千	247兆円	7,666万円
アッパーマス層	3千万〜5千万円	720万3千	320兆円	4,444万円
マ ス 層	3千万円未満	4,203万1千	673兆円	1,601万円
合 計	―	5,372万3千	1,539兆円	2,865万円

（出所：野村総合研究所「News Release」2018年12月18日より作成）

候を積み上げているからです。オックスファムという世界的に有名な
NGOは、毎年、世界の所得・資産格差の実態を推計して発表していま
すが、その最新報告書において、世界のわずか8人の億万長者が持つ
資産が世界の人口約73億人の半分に当たる貧しい人々の資産と同額だ
としています。日本の長者番付トップはソフトバンクの孫正義さんの
資産2.3兆円ですが、野村総合研究所が公表している2017年の階層別
の純金融資産保有額は、表6-1のとおりです。純金融資産1億円以上
の超富裕層と富裕層だけでも127万世帯にものぼります。グローバル
経済はIT長者や金融長者をたくさん生み出しているのです。

世界の資産に対する累進的な毎年次の課税の必要性

　フランスの著名な経済学者ピケティは、各国でベストセラーになっ
た『21世紀の資本』のなかで、次のように指摘しています。19世紀を
通じて高まった富の集中は第1次世界大戦前夜にピークに達し、その
後、2度の大戦を経て格差は縮小しましたが、1980年以降になると再
び格差が拡大し、今日では20世紀初頭の水準に戻りつつある、と。ピ
ケティは、この傾向を放置すると福祉国家は成り立たなくなることか
ら、たとえ理想論だとしても、世界の富に対する累進的な毎年課税さ
れる資本税の導入を改革の目標として提案しています。わが国でも富
裕税の導入が検討されるべきです。ただ、その実現には銀行情報の共
有や金融の透明性、また各国間での協調・協力が必要になります。

暴露された秘密文書が示すもの

　近年、国際的な租税回避や脱税の実態を示す秘密文書が相次いで暴露され、世界中で注目を集めています。なかでも有名なのは、2016年のパナマ文書でしょう。これは、パナマに所在する法律事務所モサック・フォンセカが作成した秘密文書で、タックス・ヘイブン（租税回避地）を利用した顧客の租税回避行為に関する膨大な数の文書や資料です。それが匿名で外部にリークされ、国際調査報道ジャーナリスト連合（ICIJ）に所属するジャーナリストたちによって分析、公開されたのです。

　この秘密文書が衝撃的だったのは、モサックの顧客のなかに各国の現職ないし歴代の首脳12人を含む50ヵ国以上の政治家や官僚140人が存在していたことでした。そこにイギリスのキャメロン首相（当時）の亡父、習近平中国国家主席の義兄、ロシアのプーチン大統領の友人、アイスランド首相など世界の有力政治家とその親族や仲間が含まれていたのです。脱税や税の不公正に率先して取り組まなければならないはずの世界の名だたる為政者が、みずから不透明な課税逃れに係わっていたという事実は、広範な国民の批判と抗議を呼び起こさずにはいませんでした。日本の企業や個人が係わる件数は約400件程度と、香港の約5万件、中国の約2万8,000件などと比べると確かに少なかったのですが、はたしてこのことから日本が係わる租税回避行為が少ないと結論できるかどうかは疑問です。

プライベートバンクや会計事務所など租税回避指南役の介在

　じつは富裕層などがタックス・ヘイブンを利用して所得・資産隠しを行う背後には強力な指南役がいるのです。それは、富裕層を対象に資産管理などのサービスを提供するプライベートバンクや会計事務所、法律事務所などです。今日では、ほとんどの金融機関がプライベート

バンクの役割を果たしていますが、そこには UBS、メリル・リンチ、モルガン・スタンレー、クレディ・スイス、BNP パリバ、ドイツ銀行、HSBC など、そうそうたる世界の金融機関が名を連ねています。これらの金融機関はタックス・ヘイブンに多数の子会社を設立して活動を行っているのです。また、世界の4大会計事務所、すなわちアーンスト・ヤング、KPMG、デロイト・トーシュ・トーマツ、プライスウォーターハウスクーパースもさまざまな節税手段を開発して積極的に売り込むなど、租税回避に重要な役割を果たしています。こうした問題に詳しいイギリスのシッカ教授は「ビッグ4はグローバルな税逃れの震源地」とまで指摘しています。くわえて、モサックやアップルビーなどのタックス・ヘイブン所在の法律事務所は、各国の巨大法律事務所と共同してさまざまな課税逃れのしくみを提供しているのです。

組織的・系統的な巨額の租税回避の横行

　では、以上のような租税回避行為を支援する金融機関などの指南によってタックス・ヘイブンなどに隠されている個人富裕層の資産の規模は、いったいどの程度なのでしょうか。これについてはいろいろな推計が行われていますが、タックス・ジャスティス・ネットワークという国際 NGO が行った 2010 年時点での推計では、21 兆ドル〜28 兆ドル（2,300 兆円〜3,500 兆円）とされています。これにより失われる税収は、OECD 諸国全体で年間 5,000 億ドル（55 兆円）、発展途上国全体で2,000 億ドル（22 兆円）とされているのです。日本に係る推計はありませんが、タックス・ヘイブンへの日本の証券投資残高は約 100 兆円ですので、年間約 3 兆円程度の税収が失われていると推計されます。個人、企業の内訳はわかりません。国外への富裕層の税逃れに対して、わが国も遅まきながら対策をとり始めました。5,000 万円を超える国外財産に対する調書制度（2014 年）、1 億円以上の有価証券等を保有する者が国外に転出する時に課税される制度（2015 年）などですが、富裕層の数に比べ申告件数は極端に少ないのが実態です。

多国籍企業のタックス・プランニングってなに？
多国籍企業の巧妙な租税回避の戦略

多国籍企業のもつ強大な経済力

　現代の企業はその営業活動を一つの国だけで展開しているわけではなく、世界各国で事業活動を行うのが普通になっています。いわゆる多国籍企業です。多国籍企業とは、たとえば国際連合貿易開発会議（UNCTAD）の定義によれば、2つないしそれ以上の国で事業資産を保有し、事業を行っている企業とされています。その範囲は製造業や石油から銀行、証券、保険、サービス、小売など多岐にわたっており、現代の多国籍企業は膨大な数になります。主要国の主だった企業はすべて多国籍企業といってよいでしょう。

　多国籍企業が世界経済においてどれほどの経済的支配力をもっているのか、その一端を示してみると、2017年の多国籍企業の海外子会社の売上げおよび付加価値はそれぞれ、およそ3,390兆円（31兆ドル、1ドル110円で換算）および803兆円（7.3兆ドル）、総資産は1京1,374兆円（103兆ドル）という天文学的な数字です。同じ年の世界全体のGDP総額である8,780兆円（80兆ドル）をも上回る資産規模をみても、その数値のすごさがわかります。

多国籍企業による租税回避戦略（タックス・プランニング）

　多国籍企業は世界中で事業活動をしていますから、それぞれの国で得た所得に対して納税する義務があります。1980年代以降、各国は国際的な経済競争のなかで法人税や所得税の税率を大幅に引き下げてきましたが、それでも各国のあいだには税率の違いがありますし、また先進国のなかでもタックス・ヘイブンと並んで税率の低い国々が存在しています。多国籍企業はこうした各国の税制や税率の違い、また会社法の違いを最大限に利用して、世界中で得た利益に対する税負担を最小限に抑えるために、じつに巧妙で複雑な租税負担の回避戦略をと

6　国外に逃げる税金はどうすればいい？

っているのです。

　実際、2012年には、スターバックス、アマゾン、グーグル、マイクロソフト、アップルなど、アメリカの名だたる多国籍企業が本来あるべき税金をまったく負担していないのではないかとして、イギリスやアメリカの議会で大問題になり、関係者が追及されました。租税回避の手段にはいろいろな方法がありますが、なかでもよく使われるのは多国籍企業のグループ企業のあいだで行われる移転価格だとか、無形資産の移転をともなう特殊な契約、タックス・ヘイブンに設立した子会社の利用などです。移転価格はグループ企業間の取引の際に意図的に価格を操作して税率の高い国にある子会社の所得を抑えることで税負担を低くする方法です。無形資産がらみの契約とは、低税率国に設立した子会社に無形資産を安く移転し、その子会社の所得をふやすことで節税する手法です。タックス・ヘイブンは、多国籍企業がそこに膨大な数のペーパー・カンパニーを設立し、取引の経由地として、また利益の集積地として利用するための立地先を提供しています。

各国が失っている膨大な税収

　世界の富裕層だけなく、多国籍企業による租税回避によって各国が毎年失う税収も膨大な金額にのぼります。その額については、各方面で推計がされています。例えば、IMF（国際通貨基金）所属の研究員の推計では、世界全体が失う法人税収は年間約71.5兆円（約6,500億ドル）、そのうち約3分の1は発展途上国の税収分とされています。また、国連大学の研究機関の推計では、約55兆円（約5,000億ドル）とされています。この後者は国別の推計も行っており、それによると最大はアメリカの約20.8兆円（約1,888億ドル）、ついで中国が約7.3兆円（約668億ドル）、第3位が日本で約5.1兆円（約468億ドル）となっています。多国籍企業が本来払うべき税金を公正に払えば、国民の福祉に使える税金はその分増えます。日本でいえば、消費税2.4％分に相当し、消費税の増税は必要ではなくなる計算です。

91

多国籍企業とタックス・ヘイブン

タックス・ヘイブンとは？

　タックス・ヘイブン（以下、T・H）とは、OECD の定義では、①まったく無税か、名目だけの税金、②他国と情報交換を行わない、③顧客の匿名性を守り、厳格な秘密主義を認める、④実体のない法人や信託を設立するのが容易とされる地域や国とされています。T・H というと、カリブ海に浮かぶ英領ケイマン諸島やヴァージン諸島、バハマなどを思い浮かべますが、これらは国際的な闇金融システムの衛星にすぎません。それ以外に、スイスやルクセンブルク、シンガポールなどにも存在します。しかし、何といっても重要なのはロンドンやニューヨークに象徴されるイギリス・アメリカによる国際金融支配のネットワークが世界中の T・H を支える後ろだてとなっていることです。アメリカでは会社法は各州で制定されていますが、なかでもデラウェア州の会社法は匿名性が保障され、規制が緩いためアメリカの有名な多国籍企業はほとんどがデラウェア法人といってよいほどです。

　T・H は多国籍企業や富裕層の所得・資産隠しの温床となっているだけでなく、マネーロンダリング（闇資金の洗浄）、独裁者による収賄・横領、テロ・犯罪資金の舞台となっているとされます。たとえば、IMFによると、マネーロンダリングの規模は毎年 2.2 兆ドルから 3.6 兆ドル（239 兆円〜397 兆円）といわれます。

多国籍企業はタックス・ヘイブンをどのように利用している？

　多国籍企業が T・H を利用して税金を可能な限り節約していることについては、すでにふれたとおりです。アメリカの U.S.PIRG という NGO が毎年、報告書を出していますが、その最新版によると、アメリカの『フォーチュン』誌に掲載される大企業 500 社のうち 366 社が約 1 万社もの T・H 子会社を所有しているとされます。この 500 社が海

外で保有する累積利益は2.6兆ドル（約290兆円）以上とされています
が、そのうちアップル、ファイザー、マイクロソフト、GEの4社だ
けでその4分の1を占め、30社が約7割の利益を独占しているといい
ます。こうして多国籍企業がT・Hを利用して回避しているアメリカ
の連邦所得税は毎年1,000億ドル（11兆円）と見積もられています。情
報を開示した58社がもし利益をアメリカに還流させると2,400億ドル
（約26兆円）をアメリカで納税しなければならない計算です。実際には、
これら企業が海外に利益を留保し、外国で支払った税率はわずか6.1
％にすぎないとされています。

タックス・ヘイブンに対する国際的包囲網の必要性

　T・Hはいわばグローバル経済の闇というべき存在であり、さまざ
まな弊害をもたらしています。それは多国籍企業・銀行や富裕層の所
得・資産隠しと税金回避の舞台を提供することによって、世界的規模
で進行する所得・資産格差を絶望的なほどのレベルに押し上げていま
す。また、極端な課税優遇措置を提供することにより、各国のあいだ
で法人税や資本所得に対する税の引き下げ競争を助長するため、結果
として取りやすい一般国民への増税を促進しています。租税回避はま
た、各国の社会保障制度を支える財源の喪失を招き、社会保障制度の
縮小を進行させています。世界の大手銀行などの対外融資の大半はT・
Hなどを経由して実行されているとされており、金融の暴走をまねき
バブル経済の膨張と破綻の温床となっているのです。

　こうした問題に対し、OECDなどを中心にこれまでもさまざまな規
制のための取組みが行われてきました。現在も「税源浸食と利益移転
（BEPS）」といわれるプロジェクトが進行していますが、こうした取り
組みがどこまで成功するかは、各国が対応する法制化と対策強化をど
こまで進めるかにかかっています。租税政策の国際協調をいっそう拡
大し、グローバル経済の時代に対応できる世界課税機構のような国際
的な調整組織が形成されることが切に望まれます。

コラム

1月から導入された出国税

　いつのまにか導入された出国税。すでにある富裕層を対象とする出国税、つまり「国外転出時課税制度」とは異なります。国税として1992年「地価税」以来27年ぶりの新税です。正式には「国際観光旅客税」と言います。日本を出国する旅客者すべてに課される税金です。日本人も一人1,000円（2歳未満は免除）徴収されます。海外旅行をする人は毎回徴収されることになります。また海外出張が多い方には負担が増えることになります。航空券購入時に加算されるので気づかない人もいるかも知れません。日本以外の国では、オーストラリアでは出国旅客税60豪ドル（約5,000円）、韓国では出国納付金10,000ウオン（約1,000円）、アメリカ14ドル（約1,500円）、香港120ドル（約1,600円）、フランス8ユーロ（約1,000円）、イギリスでは飛行距離・座席クラスにより金額が違います。他の国でも航空旅客税や空港税といった名目で導入されています。

　では一体この出国税はどういった使い方がされるのか？気になるところです。2019年度予算の閣議決定で国土交通省観光庁が2018年度予算の2.2倍にあたる711億円を計上し、財源としてこの出国税から485億円（ちなみに出国税による税収は500億円）を充当するのです。そして出国税と同時期に定められた「国際観光振興法」のいう、①快適な旅行環境の整備、②日本の魅力に関する情報発信の強化、③観光資源の整備による満足度向上、に使われるそうです。これは2020年の東京オリンピックに向けてのインフラ整備のための財源確保でしょうか？また「復興税」などの目的税と同じように実際の関連事業でなくても名目があれば多額の予算が下りるという可能性もあり、本当に何に使うのか疑問です。

コラム

フランス・マクロン政権と黄色いベスト運動

　フランスでは、2018年11月に始まった「黄色いベスト運動」が年末・年始をはさんで長期にわたって続けられています。この運動の直接のきっかけは燃料税の引上げ問題ですが、実際には、それはマクロン政権の経済政策全体に対する抗議行動の表れなのです。同政権は、当初、中道左派として中低所得層に手厚い政策を進めるのではないかと見られていましたが、当選後は、法人税や富裕税の減税など企業や富裕層に対する優遇措置を採用する一方で、緊縮財政による社会保障関連支出の抑制、社会保障費の財源である一般社会税の増税、労働市場改革と称する解雇規制の緩和、選挙公約であった地球温暖化対策のための燃料税の引上げなど、中間層を含む一般国民に対して厳しい経済政策を打ち出しました。典型的な新自由主義の政策です。マクロン政権の支持率は発足時の63％から23％に下落し、フランス全土に広がったデモに危機感を募らせた政権は、燃料税引上げの中止や最低賃金の引上げなどを約束せざるをえなくなりました。フランス革命の国の国民の民主主義の力を感じさせられます。

7 提言

新構想の税制改革で税の公平を実現し、十分な税収を確保できる

所得課税の再生と新しい資産課税を求めて

本年 10 月 1 日には消費税率が 8% から 10% に引き上げられる予定になっています。税制改革というと、消費税の税率引き上げばかりに焦点が充てられますが、私たちにはこうした姿勢は思考停止状態としかみえません。マスコミも含めて、財政再建のためには消費税増税しか選択肢がないかのような議論がまかり通っていますが、はたしてそうなのでしょうか。財政再建が必要であることはいうまでもありません。しかし、はたして財政再建＝消費増税でいいのでしょうか。ここで少し冷静になって、税制や財政の全体を視野に入れて改革方向を考える必要があるのではないでしょうか。

国と地方を合わせて 1,100 兆円を上回る膨大な借金を積み上げてきたのは、まさしくこれまでの政権の経済失政がもたらした結果です。しかし、こうした事態を見逃してきた私たち国民も、改めて財政の現状に真摯に向き合い、日本経済の再生や賃金・雇用条件の抜本的改善とあわせて、税制や財政のあり方について学び、改革に取り組むことが強く求められています。

税制のあり方を構想する際、私たちが指針としなければならないのは、税の公平・公正を貫くこと、そして所得課税・消費課税・資産課税という税体系のあり方について正しい方向性を選択することです。

わが国の税制は、これまでその公平性、公正性に大きな疑問符がつけられてきました。たとえば、所得税の場合、建前は総合累進課税とされますが、実際には資産所得に対する分離課税によって総合性も累進性も崩され、きわめて不公平な税制と批判されてきました。また、所得税だけでなく法人税など他の諸税にもさまざまな課税優遇措置が認められ、税制の公正性がゆがめられてきました。そのうえ、戦後、シャウプ勧告税制によって確立されたはずの所得課税中心主義が、原則

も論理も欠く度重なる優遇措置の認定によってゆがめられるとともに、所得課税から消費課税に税制の重心を移そうとする方向性が強められてきました。1989年度から導入された消費税は、その象徴的事例です。

いま経済のグローバル化のなかで、国内でも世界でも所得や資産の巨大な格差がとめどなく進行しています。このような現状をふまえれば、これからの税制は公平性、公正性をとり戻すとともに、国内外で進む所得・資産格差の拡大を是正して、普通に働き生活する人びとが健康で文化的な生活を送れるように改革する必要があるのではないでしょうか。

だとすれば、求められる税制改革の新しい構想は、所得課税を建て直すとともに、新たな資産課税のあり方を模索することによって得られるはずです。バブル経済の破綻後、長期にわたってデフレ経済から抜け出せずにいるわが国では、消費税の増税が国民生活に打撃を与え、デフレをいっそう深刻化させることは明らかです。将来、政治・経済環境が大きく変化し、財政再建の必要や社会保障のいっそうの充実との見合いで消費税の増税について検討が必要になることがありえないわけではありませんが、少なくとも、当面は消費税の増税どころか引き下げを検討したほうがよいでしょう。さしあたりいま消費税について何か改革するとすれば、消費税と地方消費税の合計税率のうち地方消費税の比率を高めることだけです。

所得税の総合累進課税化をはかる

所得課税改革のうち第1に検討すべきなのは、所得税の分離課税を見直し、総合課税の方向にかじを切ることです。所得税の公平・公正を確保し、累進性を高めることが、所得税改革のあるべき方向です。そのためには、分離課税を解消し総合課税化をはかるとともに、1980年代後半の10.5%～70%（15段階）から現行5%～45%（7段階）へと引き下げられてきた税率構造を見直すことが必要です。筆者がかつて1990年分の所得税負担の実態を推計したところでは、分離課税を解消すれ

97

ば7.6兆円の税収を獲得できる可能性がありました。2012年分の推計では3.4兆円と半減していますが、これは日経平均が1万円を割り込んでいた時期ですので、現在ではこれを相当上回る規模になるのではないかと推定されます。ちなみに、「不公平税制をただす会」の試算では、所得税の税率の適正化と分離課税等の是正による増収規模はそれぞれ1.2兆円、2.6兆円とされています。

法人税の税率を引き上げる

第2の所得課税改革の対象は、いうまでもなく法人税です。その基本税率は消費税導入前の88年度には42%（留保分）でしたが、2018年度には23.2%へじつに20%近く引き下げられてきました。法人税収はこの期間、206兆円もの減収となっており、この30年近く毎年度7.1兆円の減税を続けてきた計算になります。政府が主張するように、税率の引き下げが企業の設備投資の増加や勤労者の賃金増加につながり、日本経済の再生に役立ったのかといえば、答えはノーであることは明らかです。不公平税制をただす会も、現在の税率を80年代末の42%の税率に戻せば、約10兆円の税収増となると試算しています。なお、参考までに、同会は法人税の課税ベースを見直した場合の増収額も試算していますが、その規模は13.5兆円に上ります。合計すると、法人税の不公正是正によって約23.5兆円の増収になるというのです。法人税率をめぐっては国際的な租税競争が激しく、先進各国が次々と税率を引き下げていますので、日本だけが先行して引き上げることには困難が伴いますが、こうした税率引き下げ競争を相互に抑制するよう率先して国際社会に働きかけるべきです。

法人の内部留保に対する課税を導入する

第3に、新しい資産課税として、近年、注目されるようになっているのが、法人に対する資産課税の一種である内部留保累積額に対する課税です。表7-1は、資本金10億円以上の大企業の内部留保などの

7　提言

表7-1　資本金10億円以上の大企業の内部留保

(単位：兆円)

項　　目	2001年(A)	2017年(B)	B／A
総　資　産	591.4	883.4	1.49
売　上　高	512.5	568.7	1.11
当期純利益	▲2.5	37.0	
役員給与・賞与（億円）	8,240	9,032	1.1
配　当　金	3.1	17.5	5.65
従業員給付	52	52.2	1
従業員1人当たり給付（万円）	764	695	0.91
内　部　留　保（狭義）	84.7	216.6	2.56
内　部　留　保（広義）	167.8	363.0	2.16

(出所：小栗崇資「内部留保の社会的活用」『労働総研クォータリー』2018年秋
　　季号)

財務データを示しています。2000年代に入ってからの大企業の財務状況の特徴は、売上高は伸びていないにもかかわらず、当期純利益は空前の黒字をあげ、株主への配当金は大幅に増大する一方、従業員への給付はまったく増加せず、従業員1人当たり給付ではむしろ減少していることです。表には示されていませんが、この時期はまた法人税が大幅に減税になっている時期です。要するに、この時期、大企業は人件費の削減と減税によって利益を上げ、配当を増やすとともに、利益剰余金（狭義の内部留保）や広義の内部留保を大きく積み増しているのです。

　内部留保に課税することは法人税との二重課税だとの批判がありますが、かつてアメリカなど諸外国でも実施されており、しかも日本では個人株主の比率はきわめて低く株式のほとんどが法人や金融機関によって保有されているため、法人の利益の大部分が2段階どころか1段階の課税にとどまっているのが実態です。法人に留保された部分は金融投資に回されるなど、社会的にみて有用で効果的な活用がなされていないことから、これにごく低い税率で課税し、財政を通じて有効に活用することはむしろ社会的に望ましいことでしょう。たとえば税

99

率2%で課税するだけでも、4兆円（狭義の内部留保の場合）から7兆円（広義の場合）の税収を期待することができます。

富裕税を新設する

第4に、個人の資産に対する新たな課税として、ぜひとも富裕税を新設することが求められます。ピケティは所得・資産格差の拡大に対して世界的な富裕税を課すことを強く主張しています。税率は1％程度から、可能ならば5％ないし10％以上の軽度の累進税率を提案しています。わが国で富裕税を導入する場合、課税の対象としてすでに紹介した野村総研レポートの準富裕層以上としますと、448.9万世帯、保有純金融資産546兆円がさしあたり対象です。全世帯の8.4％、純金融資産総額の35.5％に当たります。税率を緩い累進構造にして、たとえば準富裕層の純金融資産に0.5％、富裕層のそれに1％、超富裕層に2％とすると、約5.1兆円の税収を見込むことができます。

金融取引税の採用を検討する

第5に、所得、資産に対する課税を補完するものとして注目すべきは流通課税である金融取引税です。金融取引に対する課税の提案を最初に行ったのは、ノーベル経済学賞を受賞したアメリカのトービンです。彼は変動相場制のもとでの為替市場の不安定さを懸念し、その変動によって各国の経済政策の自律性が脅かされることがないようにとの考えから、1972年にこの税を提案したのです。彼が懸念したとおり、その後の金融取引の肥大化は金融の暴走をもたらし、リーマン・ショックをひき起こすに至りました。こうしたことを背景に、EUはすべての加盟国で金融取引税を導入することをめざしましたが、イギリスなどの強い反対にあい、2013年、次善の策としてフランス、ドイツなど11ヵ国が先行実施することを決定しました。しかし、その後も課税対象の範囲や税率、税収の使途などをめぐって議論が難航し、残念ながら今日まで実施に至っていません。金融業界からはとりわけデリバ

ティブ取引に対する課税に反発が強く、金融取引税の先行きは予断を許しませんが、金融の暴走を防ぐためには不可欠の手段であることに疑いはありません。わが国でも、グローバル連帯税推進協議会がその導入をめざしており、税率や課税ベースにもよりますが、その税収見込額を0.8兆円から3兆円と推計しています。わが国も、ヨーロッパ諸国と連携して、金融取引税の採用に向けて国際社会に協力、協調を訴えるべきです。

タックス・ヘイブンに対する規制と課税の強化を図る

　最後に、世界経済の闇であるタックス・ヘイブンの利用に対する規制と課税の強化に取り組むことが求められます。多国籍企業による租税回避によって各国は多額の税収を失っているとされますが、その際に、租税回避を手助けする強力な回路を提供しているのがタックス・ヘイブンにほかなりません。すでにふれた推計では、日本もアメリカ、中国に続いて多額の法人税収を失っており、その規模は約5.1兆円と推計されています。また、個人富裕層がタックス・ヘイブンを利用することによって秘匿している資産は、国際NGOの推計では2,300兆円～3,500兆円、それにより失われている税収はOECD諸国全体で年間55兆円、発展途上国全体で22兆円とされています。日本についての推計はありませんが、たとえばOECD全体の10分の1程度としても5.5兆円になります。いずれにしても、規制強化によりまずはタックス・ヘイブンでの投資実態を把握し、課税に結び付ける努力が必要です。問題なのは、パナマ文書などが公表されても、日本政府は積極的に調査を行おうとする姿勢をみせていないことです。

　以上では改革の対象を国の税に限定して検討してきましたが、地方税についてもさまざまな特例的課税優遇措置を廃止することにより、独自に増収を図ることができます。たとえば、不公平な税制をただす会によれば、2017年度の場合、10.7兆円と推計されています。

表7-2　新構想の税制改革による増収効果

所　得　税	
分離課税の廃止	3.4兆円～7兆円
税率の適正化	1.2兆円
法　人　税	
税率引き上げ	7.1兆円～10兆円
【参考】課税ベースの見直し	13.5兆円
内部留保課税	
狭義の内部留保課税	4兆円
広義の内部留保課税	7兆円
富　裕　税	5.1兆円
金融取引税	0.8兆円～3兆円
タックス・ヘイブン課税	
法　人　税	5.1兆円
富裕層課税	5.5兆円
国　税　計　【参考】を含まない	32.2兆円～43.9兆円
国　税　計　【参考】を含む	45.7兆円～57.4兆円
地　方　税	10.7兆円

新構想の税制改革の実現にむけて

　新しい改革案による増収効果を一覧表にまとめてみれば、表7-2のようになります。この表から、消費税に依存しなくても必要な財源を調達できる可能性があることを理解いただけるのではないでしょうか。もちろん、増税や新税の導入に当たっては、国内外の経済状況やそのゆくえなどについて慎重に判断することが必要であり、また、表に掲げた増収規模はある意味で最大限の可能性について推計したものであり、直ちにすべての項目について全面的に実施する必要があるわけではありません。また、実行可能でもないでしょう。とりあえず、実行可能なところから漸進的に進めていくことによって、必要な税収を確保できる見込みがあることを確認できれば十分です。

　ところで、税制や財政は政治・経済と不可分の関係にあります。税制・財政の再建は経済再生なしには困難です。そのためにはまた、政治のあり方が問われます。アベノミクスのようなトリクルダウン理論に依拠した原発固執・外来型大規模開発志向・大企業中心・雇用破壊型の旧態依然たる「成長戦略」、市場偏重・異次元金融緩和依存の新自由主義的処方箋では成功がおぼつかないことはこの間の経済失政の歴史が証明しています。「景気回復の実感なき戦後最長の景気回復」は形容矛盾です。国民の多くが生活の豊かさと充実を感じ、景気回復を実感してこそ、デフレ不況から本当に抜け出したといえるのです。

経済のグローバル化のなかで高度成長型の古い経済システムは行きづまり、公共事業と日本型雇用慣行に支えられた旧来の生活保障システムが崩壊したため、国民は雇用不安と生活不安に直面しています。国民は新しい生活保障システムを必要としており、福祉国家の実現を望んでいるのですが、巨額の赤字を抱える政府は必要な増税によって国民の要望に応えるのではなく、逆に増大する社会保障費を削減することしか選択肢を持ち合わせていません。そして、増税といえば消費税増税しか思いつかない政府に、国民は生活不安を募らせ、信頼を寄せることができないのです。政府の進める新自由主義的経済政策は、非正規雇用や過労死の増大など賃金・雇用条件のいっそうの悪化を招くため、経済の再生も家計の安定も実現できないことは明らかです。

日本経済の本当の再生には、第1に分権型の政治・経済システムに転換し、それぞれの地域の内発的な発展を基本理念に、再生可能エネルギーの育成を基礎に据え、福祉優先型の経済モデルや地域産業・地場産業育成型の経済モデルを組み合わせた多様な経済政策をそれぞれの地域で独自に発展させる努力が必要です。また第2に生活保障システムの構築・拡充を最大の目標に据え、国民のニーズに即して財政支出のあり方、優先順位を徹底的に見直す必要があります。そして最後に、国民の期待する福祉国家を実現するための財源を確保し、再分配機能を抜本的に強化する税制改革を実行することが求められています。その内容はすでにのべたとおりです。

改革にむけ、政治の明確な意思とともに、私たち国民の学習と運動の質が問われています。

おわりに─主権者として税金に関心を持ちましょう

　私たちは何のために税金を払っているのでしょうか。

　かつて、私たち日本の市民運動団体が、アメリカで市民運動の交流をおこなった時、現地の女性が「我々はタックス・ペイヤーズだ」と発言され、その主体性にカルチャーショックを受けました。そうだ、私たちも、税の支払者意識を持たねばと。青春時代からサラリーマンであった私は、よほどのことがない限り税金は給与から源泉徴収されていて、どれほどの率で支払っているのか、それは公平なのかなど、考えもしなかったのです。

　そういう問題意識を持ちつつ、生協運動に没頭していた1989年11月19日、大阪市財政課長の自殺未遂事件から、大阪市の公金詐取事件が発覚しました。市民の税金を1日300万円も飲み食いに使い、ありもしないナイトラウンジをでっち上げ、税金がそこを迂回して乱脈に使われていたことなど、信じられない内容が情報公開や住民訴訟の中で明らかになりました。

　税金の使い道を監視しなければ…これが私たち市民ネットワーク運動のはじまりです。30年に及ぶ運動の中で、接待費の規制や公共工事の入札情報の事前公開など、透明性の確保には一定の成果があったと思います。しかし、それは、あくまでも「税の出口」の監視行動であり、入り口問題には及びませんでした。税金問題で再びショックを受けたのは、逃げる税金「タックス・ヘイブン」報道でした。しかも、逃げるだけではなく、堂々と支払っていない大企業や富裕層がいることも知りました。

　2011年、アメリカ・ウイスコンシン州の市庁舎を市民が占拠した「市民蜂起」は、のちにウオール街を占拠する市民運動につながって行きます。その始まりは、市民の心を揺るがせ、市民蜂起にまで行きつかせた「税負担の不公平」でした。今、話題を呼んでいるフランスの「黄色いベスト」運動も、始まりはガソリン税率引き上げですが、お

おわりに―主権者として税金に関心を持ちましょう

おもとは富裕層優遇税制と福祉予算削減への国民の怒りです。政権を揺るがす大運動の基本が「税の公平性」にありました。税は民主主義、税こそ政治なのです。

私たちも「税金は難しい…」などと言わずに、勉強し、自分の意見をもち、発信していかねばなりません。そのために、市民が運動に立ち上がる「税のバイブル」が必要だ、それが本書の出版を切望した動機です。税の専門家・三木義一氏は、「税制度は、宇宙の原理とは違い、人間社会のための約束事にすぎない。主権者である国民がほんとうに社会の担い手になれば、透明性の高いシンプルな仕組みで、公正な負担と公正な配分が行われるはずだ。その国の税制こそ、その国の主権者の自立を図るバロメーターなのだ」と、市民個人および市民運動を厳しく叱咤されます。

大阪自治体問題研究所の自主研究会として鶴田廣巳先生を筆頭に立ち上がった「税制研究会」の、ベテラン税務職や研究者のみなさんに、税金にとって最も多忙な2〜3月に執筆していただきました。「税金ってなに？」にはじまり、税の中の税・所得税、収入と所得の違い、税金とマイナンバー、税率が下がっていく法人税、消費税問題では税収全体に占める消費税の割合が2割近くと所得税と並ぶ状況にあり、所得税中心の日本の税体系がゆがめられていること。コラムでは、今話題の「ふるさと納税」や「出国税」「黄色いベスト運動」など、知っておきたい情報が盛り込まれています。税金に関する課題が網羅され、素人が読んでもわかりやすく興味深い内容満載です。

本書は、鶴田廣巳先生の深い知識と熱意、「こんな忙しいときに書け言うんかい！」と怒りながらも執筆いただいた税の諸先輩、短期間に本として仕上げてくださった自治体研究社の深田悦子さんの頑張りの成果です。皆さまに、心からのお礼を申し上げつつ、市民運動の中に「税金運動」が展開されていくことを願い、その中で奮闘することをお約束します。

2019年4月

藤永のぶよ

参考文献

明石順平『データが語る日本財政の未来』(インターナショナル新書、2019 年)

安藤実『富裕者課税論』(桜井書店、2009 年)

石村耕治『納税者番号制とプライバシー』(中央経済社、1990 年)

井手英策『財政から読みとく日本社会』(岩波ジュニア新書、2017 年)

伊藤周平『消費税が社会保障を破壊する』(角川新書、2016 年)

北野弘久・谷山治雄(編)『日本税制の総点検』(勁草書房、2008 年)

北野弘久『納税者の権利』(岩波新書、1981 年)

垣内亮『消費税が日本をダメにする』(新日本出版社、2012 年)

黒田充『マイナンバーはこんなに恐い!』(日本機関紙出版センター、2016 年)

合田寛『格差社会と大増税』(学習の友社、2011 年)

佐藤滋・古市将人『租税抵抗の財政学』(岩波書店、2014 年)

斎藤貴男・湖東京至『税が悪魔になるとき』(新日本出版社、2012 年)

志賀櫻『タックス・ヘイブン─逃げていく税金』(岩波新書、2013 年)

志賀櫻『タックス・イーター─消えていく税金』(岩波新書、2014 年)

ジョン・ニコルス(監訳/梅田章二・喜多幡佳秀)『市民蜂起─ウォール街占拠前夜のウィスコンシン 2011』(かもがわ出版、2011 年)

神野直彦『税金 常識のウソ』(文春新書、2013 年)

醍醐聰『消費増税の大罪』(柏書房、2012 年)

富岡幸雄『税金を払わない巨大企業』(文春新書、2014 年)

日本国家公務員労働組合連合会「2019 年版税制改革の提言」『KOKKO』No.34(堀之内出版、2019 年)

深見浩一郎『〈税金逃れ〉の衝撃』(講談社現代新書、2015 年)

不公平な税制をただす会『TAW 福祉と税金』No.29(2017 年)

不公平な税制をただす会(編)『消費税を上げずに社会保障財源 38 兆円を生む税制』(大月書店、2017 年)

増井良啓『租税法入門』(有斐閣、2014 年)

三木義一『日本の税金 第 3 版』(岩波新書、2018 年)

宮本憲一『増補版 日本の地方自治 その歴史と未来』(自治体研究社、2016 年)

森信茂樹『税で日本はよみがえる』(日本経済新聞出版社、2015 年)

諸富徹『私たちはなぜ税金を納めるのか』(新潮選書、2013 年)

労働運動総合研究所『労働総研クォータリー』(特集 内部留保の社会的活用と日本経済)、No.111(本の泉社、2018 年)

〔編著者〕

鶴田廣巳（つるた　ひろみ）　　関西大学名誉教授（専門：財政学）
（執筆：はじめに／所得税は今のままでいいの？／会社が法人税を納めるのはなぜ？／地方税を知っていますか？／国外に逃げる税金はどうすればいい？／提言・新構想の税制改革で税の公平を実現し、十分な税収を確保できる／コラム・フランス・マクロン政権と黄色いベスト運動）

藤永のぶよ（ふじなが　のぶよ）
　　おおさか市民ネットワーク代表　　大阪自治体問題研究所副理事長
（執筆：おわりに）

〔著　者〕

楠　二三吉（くす　ふみよし）　　税理士
（執筆：所得税は今のままでいいの？）

黒田　充（くろだ　みつる）　　大阪自治体問題研究所理事
（執筆：所得税は今のままでいいの？）

大邊誠一（おおべ　せいいち）　　税理士
（執筆：会社が法人税を納めるのはなぜ？）

渡辺清志（わたなべ　きよし）　　税理士
（執筆：消費税は財政再建の切り札なの？）

桜田照雄（さくらだ　てるお）　　阪南大学流通学部教授（専門：会計学）
（執筆：消費税は財政再建の切り札なの？／資産にたいする税金はどうすればいいの？）

松本　修（まつもと　おさむ）　　税理士
（執筆：コラム・ふるさと納税の穴埋めは国庫金）

藤原喜代美（ふじわら　きよみ）　　大阪自治体問題研究所事務局次長
（執筆：コラム・1月から導入された出国税）

税金は何のためにあるの

2019 年 5 月 20 日　　初版第 1 刷発行

編著者　鶴田廣巳・藤永のぶよ
発行者　長平　弘
発行所　㈱自治体研究社
〒162-8512 新宿区矢来町 123　矢来ビル 4 F
TEL：03・3235・5941／FAX：03・3235・5933
http://www.jichiken.jp/
E-Mail：info@jichiken.jp

ISBN978-4-88037-694-3 C0033

DTP：赤塚　修
デザイン：アルファ・デザイン
印刷・製本：モリモト印刷

自治体研究社 ━━━━━━━━━━━━━━━━

「自治体戦略 2040 構想」と自治体

白藤博行・岡田知弘・平岡和久著　　定価（本体 1000 円＋税）

「自治体戦略 2040 構想」研究会の報告書を読み解き、基礎自治体の枠組みを壊し、地方自治を骨抜きにするさまざまな問題点を明らかにする。

豪雨災害と自治体
―防災・減災を考える

大阪自治体問題研究所・自治体問題研究所編　　定価（本体 1600 円＋税）

豪雨災害のメカニズム、被害の拡大を気象学、地質学から追究し、2018 年の豪雨災害の報告を収録。防災と減災の観点から自治体の対応を問う。寺尾徹、田結庄良昭、室崎益輝、塩崎賢明ほか著

水道の民営化・広域化を考える［改訂版］

尾林芳匡・渡辺卓也編著　　定価（本体 1700 円＋税）

改正水道法が成立し、マスメディアも大きく取り上げた。初版の記述に現状を追記。各地の民営化・広域化の動きを検証して、「いのちの水」をどう守るのか考察する。

人口減少時代の自治体政策
――市民共同自治体への展望

中山　徹著　　定価（本体 1200 円＋税）

人口減少に歯止めがかからず、東京一極集中はさらに進む。「市民共同自治体」を提唱し、地域再編に市民のニーズを活かす方法を模索する。

公共施設の再編を問う
――「地方創生」下の統廃合・再配置

森　裕之著　　定価（本体 1200 円＋税）

全国の自治体で、学校を初め公共施設の廃止・統合など再編が進んでいる。再編の背景にある国の政策を整理して公共施設のあり方を考える。